CW01302349

CRESCITA PERSONALE

Migliorare Se Stessi. Aumenta La Tua Fiducia E Autostima Con Metodi Di Psicologia Non Convenzionale.

Alexander Höfler

"Non mi giudicate per i miei successi ma per tutte quelle volte che sono caduto e sono riuscito a rialzarmi."

-NELSON MANDELA

CRESCITA PERSONALE: Migliorare Se Stessi. Aumenta La Tua Fiducia E Autostima Con Metodi Di Psicologia Non Convenzionale. Copyright © 2021 - Tutti i diritti riservati

È vietata la riproduzione, anche parziale, dei contenuti di questo libro. Tutti i diritti sono riservati in tutti i Paesi, compresi i diritti di traduzione, di memorizzazione elettronica e di adattamento totale o parziale, con qualsiasi tecnologia.

La riproduzione di contenuti richiede esplicita autorizzazione scritta dell'Autore.

DISCLAIMER

Questo manuale ha lo scopo di fornire al lettore un quadro espositivo completo dell'argomento oggetto dello stesso, "CRESCITA PERSONALE: Migliorare Se Stessi. Aumenta La Tua Fiducia E Autostima Con Metodi Di Psicologia Non Convenzionale." Le informazioni in esso contenute sono verificate secondo studi scientifici, tuttavia l'autore non è responsabile di come il lettore applichi le informazioni acquisite.

Indice

Introduzione *5*
La potenza della mente *6*
Cosa sono le abitudini? *8*
Credi in te stesso, aumenta l'autostima! *12*
Prendi spunto dai Navy Seal *23*
Addestra mente e corpo *29*
La mindfulness come filosofia di vita *33*
Pratica la meditazione *37*
Non essere negativo *51*
Guarisci i tuoi traumi *58*
Pensa positivo *64*
Minimalismo digitale *72*
Avrai successo! *81*
Conclusione *87*

Introduzione

Questo libro è ideale per tutti coloro che nella vita hanno problemi di autostima bassa.
Fornisce consigli che ti aiuteranno a ritrovare la fiducia in te stesso e a credere nelle tue capacità, su cosa non fare perché non farebbe altro che abbassare la vostra autostima e peggiorare la vostra sicurezza, su cosa invece fare per poter aiutare la vostra sicurezza a crescere.
Questo libro sprona a credere di più in sé stessi, ad evitare di emarginarsi, chiudersi in sé stessi e soffrire, è ricco di consigli e di esempi pratici.
Entra nel dettaglio dei meccanismi del cervello umano e insegna come questi possano essere comandati e deviati verso determinate direzioni più favorevoli al raggiungimento di un'autostima più alta.
Dà consigli su come superare le paure, su come non farsi condizionare da voci ed eventi esterni, su come essere più forti.
È ideale per tutti, ragazzi, adulti, uomini e donne, perché affronta problemi e tematiche riguardanti tutti gli esseri umani. Chiunque può trarne beneficio.
È il libro ideale per chiunque stia passando un brutto momento e si senta fragile, insicuro, timoroso.
Io stesso mi sono sentito così numerose volte nella mia vita, e ho imparato ogni volta come combattere questi sentimenti negativi, come rialzarmi, come farmi valere.
Siccome ho acquisito una certa esperienza in questo campo, intendo aiutare chiunque si senta come mi sono sentito io, chiunque ha molte paure e la maggiore è di sentirsi soli a doverle affrontare.
Con questo libro spero vi sentiate un po' meno soli e possiate affrontare le vostre insicurezze sconfiggendole con successo.
Elencherò le maggiori cause legate ad un'autostima bassa, le maggiori problematiche che può portare nell'animo, e parlerò in maniera approfondita di come sconfiggere gli agenti che portano ad avere bassa autostima, con vari trucchi, consigli e tecniche per migliorare ogni aspetto della vita, anche quelli meno considerati.

La Potenza Della Mente

Come visualizzate la vostra vita? O piuttosto: come desiderate che sia la vostra vita? Molto probabilmente la desiderate senza conflitti, senza stress e che non nasconde brutte sorprese, non è vero?
Potete anche desiderare, o addirittura sognare, una vita "perfetta", ma pensate veramente di poterla raggiungere? Riuscite a visualizzare davvero i vostri sogni e avere allo stesso tempo un'idea su come realizzarli?
Questo è quello che desiderano e sognano molte persone, ma purtroppo si fermano qui.
Non sanno che ogni sogno (purché non sia troppo distante dalla realtà) può essere raggiunto, orientando la mente su di esso.
La nostra mente è un dono molto potente.
Avere un disegno mentale chiaro e preciso dell'obiettivo porta sicuramente nella direzione corretta.
Un atteggiamento fortemente intellettuale aiuta a rinforzare i nostri comportamenti, la nostra condotta e le nostre azioni.
Ci vengono continuamente presentate possibilità di scelta di solito fra una direzione positiva e una negativa, la nostra mente e le nostre decisioni sono la chiave per raggiungere i nostri sogni e gli obiettivi.
Un proverbio cinese dice: "Fai attenzione ai tuoi pensieri, perché diventano parole. Fai attenzione alle tue parole, perché diventano le tue azioni. Fai attenzione alle tue azioni, perché diventano abitudini.
Fai attenzione alle tue abitudini, perché diventano il tuo carattere.
Fai attenzione al tuo carattere, perché diventa il tuo destino". Questo proverbio mette in luce quanto i nostri pensieri e il nostro atteggiamento possano influenzarci complessivamente.
Diversi studi effettuati in molteplici settori di ricerca hanno inoltre dimostrato che la nostra mente è estremamente forte e può influenzare completamente la nostra vita, attraverso i nostri pensieri vengono quindi create le nostre abitudini, i nostri atteggiamenti, gli stati d'animo e le attitudini mentali.

Purtroppo molte persone non riescono ad utilizzare veramente la forza della loro mente permettendo dunque che siano altre persone o le circostanze a pensare per loro.
Invece di visualizzare i loro pensieri e i loro obiettivi nuotano semplicemente con la corrente e permettono a fattori esterni di influenzare i loro risultati e i loro esiti.
La forza di decisione viene dunque indebolita e si finisce per cadere vittima di questa abitudine molto presto.
Però come ogni altra abitudine può essere interrotta e ricostruita sotto forma di abitudine positiva.
Se desideriamo avere successo nel gioco della vita saremo infine capaci di "allenare" i nostri pensieri e accogliere a braccia aperte i pensieri positivi.
Se volete quindi prendere in mano le redini della situazione e avere la vostra vita sotto controllo è essenziale capire l'importanza di un forte atteggiamento mentale.

Questo vi aiuterà a percorrere la strada giusta nella giusta direzione e con l'atteggiamento corretto, non importa quali situazioni decida di proporvi la vita. Ricordatevi inoltre: un pensiero negativo non attrarrà mai risultati positivi.

Cosa Sono Le Abitudini?

Nel capitolo precedente abbiamo più volte nominato la parola "abitudine" ora voglio analizzarla meglio insime a voi.
Sei consapevole delle azioni che fai ripetutamente? Queste azioni potrebbero essere le tue abitudini ed esse possono essere immensamente importanti nella nostra vita, poiché possono determinare i nostri risultati.
Un'abitudine è un comportamento che si ripete regolarmente. Questo comportamento può essere un'azione, una routine o uno stile di vita.
Sebbene sia un'idea semplice, come descritto, essa ha molti dettagli e aspetti importanti che dovresti conoscere.
"Un modello di comportamento acquisito da ripetizioni frequenti o esposizione fisiologica che si manifesta con regolarità o maggiore facilità di esecuzione."
Da questa definizione, possiamo interpretare che un'abitudine è un modello comportamentale che può essere sviluppato attraverso frequenti ripetizioni.
Inoltre, possiamo utilizzare la formazione delle abitudini per migliorare le nostre prestazioni per il modello comportamentale che stiamo ripetendo.
Se mettiamo insieme le varie definizioni di un'abitudine da diversi dizionari, possiamo ottenere una definizione più completa.
Quindi, un'abitudine è un modello comportamentale che ripetiamo spesso, o ad intervalli regolari, in modo tale che la ripetizione serva a migliorare la nostra capacità e familiarità con il modello comportamentale.
Alla fine, dopo una certa quantità di ripetizioni, potremmo mostrare il modello comportamentale senza alcun pensiero cosciente al riguardo.
Conoscere la definizione di un'abitudine può aiutarci a comprendere gli obiettivi prefissati della formazione dell'abitudine, ci fornisce anche una buona ragione per curare le nostre abitudini quotidiane per prestazioni ottimali verso i nostri obiettivi.

Quando si forma un'abitudine, dobbiamo identificare tre cose:

1. Trigger
2. Routine
3. Risultato

Trigger
Cos'è che fa scattare l'abitudine? Questo può essere come una routine mattutina.
Quando senti suonare la sveglia, ti alzi dal letto e poi segui una routine prestabilita. Tutte le abitudini avranno una qualche forma di trigger, sia che si tratti di segnali fisici evidenti o segnali mentali meno evidenti.
I trigger esistono sia per limitare che per avviare un'abitudine. Questa è la sua natura.
Altrimenti, se non ci sono trigger fissi, assumerai un'abitudine in modo casuale.
Una situazione così casuale sarebbe preoccupante.
Quindi dovresti diventare consapevole del fattore scatenante. Ti aiuterà ad avviare in modo appropriato un'abitudine, come desideri.

Routine
Una routine è la base di un'abitudine.
Come sopra esposto, questa è la ripetizione di un'azione comportamentale.
Se stai prendendo consapevolmente un'abitudine, vorrai dedicare il tuo tempo a pensare attentamente a quali saranno le azioni comportamentali della tua routine.
La decisione sulle azioni sarà determinata anche dalla prossima cosa importante di un'abitudine: il risultato.

Risultato
Dopo aver eseguito una routine, ci sarà un risultato.
Potresti aspettarti che esso sia un normale compito completato. Questo compito regolare può essere semplice come l'abitudine di lavarsi i denti al mattino.
Il risultato è che hai dei vvero? È particolarmente difficile cambiare le abitudini che hai avuto per anni e ti sei abituato a tal punto che ti rendi conto a malapena della loro esistenza: porti costantemente fuori il telefono per controllare le notifiche; ogni sera, quando accendi la TV, prendi un pacchetto di patatine o una fetta di torta ... la lista potrebbe continuare.

Come si formano le abitudini?
Il tuo cervello ha due modalità distinte di processo decisionale. Per rendere le cose semplici, lo chiameremo Sistema 1 e Sistema 2.
Il sistema 1 è un modo di pensare automatico, veloce e solitamente inconscio è autonomo ed efficiente, richiede poca energia o attenzione.
Ad esempio, quando guidi un'auto o cammini per andare al lavoro, sai automaticamente come arrivarci senza dover pensare o fare riferimento a nessun aiuto esterno, ti viene naturale.
Il sistema 2, d'altra parte, è un modo di pensare consapevole, intenzionale e controllato, richiede energia e sforzo per sostenere l'attenzione.
Ad esempio, potrebbe essere la ricerca e la valutazione di diverse opzioni di carriera o la creazione di una nuova ricetta per la cena.
Entrambi i sistemi 1 e 2 funzionano insieme.
Il modo in cui funziona è che il tuo cervello sceglie naturalmente la soluzione pigra per prima ogni volta che c'è un problema da affrontare, poiché tende a risparmiare energia per evitare un trattamento eccessivo.
Se non riesce a trovare una soluzione utilizzando il Sistema 1, passerà al Sistema 2.
È così che il tuo cervello apprende e mappa i modelli insieme per gestire il processo decisionale quotidiano.
Quindi, il percorso chiave per costruire qualsiasi abitudine, è passare dal Sistema 2 al Sistema 1.

Il processo di formazione di nuove abitudini
Ecco un esempio: supponiamo che tu voglia iniziare a imparare un nuovo strumento.

All'inizio, il tuo cervello non avrebbe formato schemi o relazioni. Tutto è nuovo, quindi per suonare la tua prima canzone dovresti fare molto affidamento sul Sistema 2, pensando minuziosamente a ogni azione e passo.
Ora, mentre pratichi, l'azione viene ripetuta regolarmente e il tuo cervello inizia a collegare le relazioni tra le tue azioni.
Alla fine, queste connessioni passano da semplici percorsi a superstrade d'interazione.
Alla fine, eseguirai quasi automaticamente e senza sforzo la maggior parte delle azioni che all'inizio erano complicate.
Ora stai usando il Sistema 1 per suonare lo strumento. È così che si formano.
Ora hai una buona idea di cosa sono e come si formano. Ma, prima che tu possa iniziare a prendere il controllo della rottura o della formazione di abitudini, lascia che ti faccia questa domanda:
"Sai almeno quali sono le tue?"

Due tipi di abitudini
Esistono due tipi di abitudini: abitudini coscienti e abitudini nascoste.

Abitudini consapevoli
Le abitudini coscienti sono abitudini facili da riconoscere.
Di solito, richiedono un input consapevole per mantenerli se rimuovi quell'input o attenzione, l'abitudine molto probabilmente scomparirà.
È facile identificare queste abitudini consapevoli e puoi rivederle rapidamente da solo.
Esempi di abitudini consapevoli includono svegliarsi con una sveglia ogni mattina, andare a correre, allenarsi tutti i giorni o fumare dopo un pasto.

Abitudini nascoste
Le abitudini nascoste, d'altra parte, sono abitudini che il nostro cervello ha già trasformato in modalità pilota automatico. Queste sono molto più complicate perché generalmente ne siamo completamente inconsapevoli fino a quando qualche fattore esterno o fonte non lo rivela, come qualcuno che indica il tuo comportamento.
Quindi, può essere difficile identificare le abitudini nascoste solo con una revisione generale.
Tuttavia, le abitudini nascoste costituiscono la maggior parte delle nostre abitudini! Sono diventate interiorizzate e radicate nel nostro stile di vita e nel processo decisionale, quindi quasi non te ne accorgi quando stanno "agendo".

Come identificare le tue abitudini nascoste
Esiste un'ampia gamma di possibili abitudini nascoste.
Per autoidentificarle, devi dirigere la tua attenzione e ingrandire.
Ad esempio, per vedere quali tipi di abitudini nascoste puoi rivelare, prova a rispondere alle seguenti domande:

Abitudini fisiche:
- Come cammini?

- Tendi a piegarti o sederti / stare dritto?
- Quanta acqua bevi ogni giorno?

Abitudini sociali:
- Esegui o eviti il contatto visivo con le persone?
- Ci sono azioni o gesti che tendi a usare spesso?
- Quali frasi o parole tendi a dire spesso?

Abitudini energetiche:
- Quali schemi segui ogni sera prima di andare a letto?
- Qual è la tua routine mattutina ogni giorno?
- Quanto spesso e quando fai uno spuntino durante il giorno?

Abitudini mentali (i tuoi processi mentali automatici):
- Qual è la tua prima risposta istintiva quando ricevi critiche?
- Che sensazione provi quando vedi un amico condividere una vacanza di lusso su Facebook?
- Come reagisci a una notizia negativa?

Abitudini di produttività:
- Dai la priorità a una serie di attività prima di iniziare o semplicemente ti tuffi?
- Come giudichi se un'attività è più importante di un'altra?
- Con che frequenza controlli il tuo telefono ogni ora per nuove notifiche? O e-mail?

Se non ti dispiace, puoi persino chiedere al tuo partner, a un familiare o agli amici intimi le stesse domande.
Potrebbero semplicemente farti notare alcune cose su di te che non hai mai realizzato!

Credi In Te Stesso, Aumenta L'autostima!

Nella vita ognuno di noi, sostanzialmente, ha un fine ultimo, uno scopo che quasi sempre coincide con l'essere felice. Raggiungere la felicità.
La perfezione nella vita chiaramente non esiste, ma una vita felice gli si avvicina molto.
È ciò che tutti desidererebbero, essere felici, avere una vita felice.
Ciò che però la maggior parte delle persone ancora non ha realizzato è che la felicità non è una destinazione da raggiungere ma uno stato d'animo e, soprattutto, in quanto stato d'animo, è comandata ed influenzata in particolar modo dalla nostra mente, da come ci poniamo nei confronti della vita stessa.
In particolare, se ci concentriamo sulla maniera in cui l'essere umano vede sé stesso e si relaziona con il mondo esterno, possiamo focalizzare il nostro discorso su un concetto molto importante, l'autostima.
Non c'è una definizione precisa che si può dare per descrivere cosa sia l'autostima. Spesso è un concetto, una sfera emotiva che non viene nemmeno considerata così importante, ma erroneamente.
Dalla nostra autostima deriva il nostro modo di porci nel mondo, deriva la nostra attitudine e, di conseguenza, il nostro successo, il nostro modo di essere, la nostra felicità. L'autostima è come ci vediamo, ciò che pensiamo di noi stessi, chi siamo.
È una parte fondamentale del nostro Io.
Sembrerà strano ma spesso come ci riteniamo e come ci vediamo finisce per determinare come realmente appariamo. Ciò che è dentro si riversa fuori, ciò che sentiamo dentro finisce per apparire anche fuori.
E se ci vediamo inadeguati, finiamo per apparire inadeguati. Se pensiamo di non farcela, finiamo per non farcela.
E ciò avrà ripercussioni anche sulla nostra salute.
Allo stesso modo se ci convinciamo di poter ottenere qualcosa, ci sarà molta più possibilità di ottenerla.
Se ci convinciamo che abbiamo valore, riusciremo anche a convincere gli altri.
Tutto smetterà di essere grigio e la vita varrà davvero la pena di essere vissuta.
Tutto parte da dentro di noi.
Questa è l'importanza dell'autostima, da essa parte tutto ciò che ci collega al mondo esterno, tutte le nostre interazioni. Molte nostre azioni sono determinate dal livello della nostra autostima.
È dunque chiaro che più è alta la nostra autostima, meglio riusciremo a gestire i nostri rapporti con il mondo esterno, la nostra vita, e saremo dunque più sereni, felici e appagati.
E siccome l'autostima è qualcosa che ci appartiene e che dipende da noi, lo scopo di questo libro è aiutarvi ad imparare a gestirla e, di conseguenza, gestire meglio il vostro universo interiore e quindi la vostra stessa vita.

Autostima bassa
L'autostima bassa è qualcosa di estremamente dannoso per la nostra mente e anche per i nostri rapporti con il mondo esterno. Ci logora interiormente e distrugge il

nostro mondo, oltre a farci agire in maniera sbagliata e a farci gestire male i problemi.
È anche dannosa per la nostra salute.
Un sacco di pessime azioni che facciamo sono causate da una bassa autostima.
Si possono fare vari esempi.
Circondarsi di eccessive cose materiali ed ostentare la nostra ricchezza e i nostri possedimenti spesso può essere sinonimo di bassa autostima.
Ci circondiamo di tutte queste cose inutili e le facciamo vedere a tutti come trofei, cercando l'approvazione degli altri e cercando di impressionare.
Vogliamo apparire perché temiamo che senza mostrare tutte queste cose nessuno ci considererebbe e, magari, potremmo rimanere senza amici.
Addirittura ci nascondiamo dietro alle nostre cose.
Ma non serve a niente, perché avere tante cose di valore non cambia ciò che siamo, non cambia il nostro Io interiore.

Noi siamo sempre noi ed è inutile circondarsi di amici che ci accettano solo perché interessati a ciò che possediamo, perché non sono veri amici.
È inutile riempirsi di cose se dentro ci sentiamo vuoti.
Le cose materiali non colmeranno il vuoto.
Un altro esempio sono le persone che si circondano di numerosi partner, anche questo può essere un indice di bassa autostima.
Avere bisogno di numerosi partner accanto, anche occasionali e anche se si è regolarmente accompagnati, può significare spesso che si ha bisogno di conferme esterne sulla propria bellezza.
Vogliamo conferma che siamo belli, che valiamo, che piacciamo, vogliamo sentirci desiderati dagli altri e il nostro partner non ci basta, piacere ad una sola persona non ci basta o magari ci trascura, non ci dice abbastanza quanto valiamo e noi abbiamo un costante bisogno di sentircelo dire.
Questo costante bisogno di sentirsi dire dagli altri quanto si vale rappresenta una bassa autostima, perché una persona con alta autostima non ha bisogno di farsi dire dagli altri il proprio valore, lo sa già.
Ovviamente i complimenti e le gratificazioni fanno piacere a tutti ma non devono diventare una necessità senza la quale ci si sente di poco valore.
L'esempio più classico di persone con bassa autostima sono le persone che criticano sempre gli altri.
Questo continuo bisogno di criticare gli altri determina una scarsa sicurezza in noi stessi.
Esaltando i difetti degli altri cerchiamo di nascondere i nostri o di non farli notare e cerchiamo di convincerci che noi siamo migliori di chi critichiamo.
Ma per sentirsi buone persone o persone di valore non si dovrebbe aver bisogno di screditare qualcun altro.
Chi si sente davvero bene con sé stesso non deve criticare nessuno, anzi, accetta oggettivamente la concorrenza e vede in maniera oggettiva pregi e difetti di tutti o spesso non gli importa niente della vita degli altri, perché sta benissimo nella propria.

I nemici dell'autostima
L'autostima ha diversi nemici, cose che la rovinano, cose che cercano di abbassarla, cose che la distruggono.
È vero che dipende molto da noi stessi e dalla nostra mente e che possiamo imparare a dominarla ma ciò non toglie che abbia dei fattori che possono influenzarla negativamente, abbassarla o colpirla.
I nemici dell'autostima possono essere molteplici: la paura, la vergogna, i giudizi, la negatività, gli errori che commettiamo. Spesso basta uno sciocco errore commesso per farci credere che non valiamo niente e che non siamo capaci di fare niente.
Spesso basta un giudizio esterno, non molto incoraggiante, per farci credere che siamo sbagliati, inadeguati.
Spesso la paura che proviamo ci frena, ci fa credere che falliremo, che non ce la faremo.
La negatività dei nostri pensieri ci fa vedere tutto nero. Tutte queste cose abbassano la nostra autostima.
A volte basta scegliere il corso di studi sbagliato, che non fa per noi, per pensare che non siamo bravi.
Sbagliamo tutti gli esami perché non è la nostra materia ideale e pensiamo di non essere capaci di fare niente.
Ma è solo questione di trovare il campo giusto per noi.
Basta il gruppo di amici sbagliato, diverso da noi, per farci sentire inadeguati.
Basta interpretare male una risatina, un giudizio nei nostri confronti, sui nostri vestiti, sul nostro taglio di capelli, per pensare di essere brutti o ridicoli.
L'estetica poi è una delle cose più facili da manipolare, basta poco per far sentire brutta una persona e quindi rovinare la sua autostima.
Pensate ai modelli che oggi la tv e i media propongono, modelli di bellezza inarrivabili per chiunque, ci vuole poco per sentirsi brutti se ci paragoniamo a quei modelli e l'autostima ne risente soprattutto le persone più deboli di carattere sono facilmente influenzabili.
Importante è anche chi ci circonda.

Se quando commettiamo un errore abbiamo di fronte qualcuno che ci sprona a fare meglio e ci insegna come non commetterlo di nuovo l'autostima non cala ma, se invece abbiamo di fronte qualcuno che ci rimprovera soltanto, l'autostima crollerà.
Spesso siamo circondati da gente che avanza solo pretese e non gratifica mai e anche questo può danneggiare la nostra autostima.
In termini astratti, la debolezza è un serio nemico dell'autostima.
Le persone deboli di carattere, fragili, hanno più possibilità di subire danni alla propria autostima perché sono più soggette ad ascoltare i giudizi esterni, a farsi condizionare, a farsi manipolare.
Ad ogni modo, molti nemici dell'autostima partono dall'esterno, da qualcosa di esterno a noi ma che poi ci va a colpire dentro e ci provoca danni.

Non lasciarti influenzare dai giudizi esterni
Le influenze esterne sono spesso nocive per la nostra autostima e possono abbassarla o danneggiarla, a volte addirittura distruggerla completamente.
Con influenze esterne si possono intendere molte cose.
I giudizi degli altri, episodi che ci sono capitati, errori che abbiamo commesso, paure derivate da eventi che sono accaduti.
Per evitare che le influenze esterne ci provochino dei danni e rovinino la nostra autostima bisognerebbe cercare di non dare loro peso, di non farci caso, di non ascoltarle troppo.
Dovremmo ricordarci che siamo noi i padroni dei nostri stati d'animo, che siamo noi i migliori conoscitori di noi stessi e quindi, spesso, bisognerebbe dare retta soltanto al nostro cervello e al nostro cuore, al nostro istinto, senza ascoltare troppo fattori e voci esterne.
Non permettete ad un giudizio di stabilire chi siete.
Se a qualcuno non piace il vostro nuovo vestito o il vostro taglio di capelli è un problema suo.
A voi piace? Se avete comprato quel vestito vuol dire che vi piaceva, se vi siete fatti quella pettinatura vuol dire che pensavate vi stesse bene, conta questo.
Imparate che conta quello che voi pensate di voi stessi, non quello che pensano gli altri.
So che non è facile, l'accettazione da parte degli altri è sempre importante e la vanità è una forte componente dell'animo umano, ma farsi abbattere perché qualcuno ci giudica male non va bene, anche perché spesso non sappiamo nemmeno la natura dei cattivi giudizi della gente.
Potrebbero offendere o criticare perché sono invidiosi di noi, magari ci ritengono troppo belli o troppo di valore e vogliono distruggerci l'ego con la speranza di abbatterci.
Non sempre tutte le critiche che ci vengono mosse sono costruttive o hanno un senso, o sono veritiere.
Imparate anche questo.
A distinguere le critiche e i giudizi costruttivi e utili da quelli insulsi e detti per invidia o con secondi fini, siate sicuri di voi stessi e di ciò che fate e, in questo modo, ascolterete soltanto consigli e non accetterete giudizi.
Seguite il vostro cuore, i vostri valori e i vostri gusti, plasmate voi stessi secondo essi e diventerete indistruttibili.
Niente potrà scalfire la vostra corazza e la gente avrà sempre da parlare, in qualsiasi caso, quindi imparate a non ascoltarla.
Qualsiasi cosa facciate ci sarà sempre qualcuno a cui non va bene, qualcuno invidioso, qualcuno che parlerà male di voi. Un detto dice: "Bene o male, l'importante è che se ne parli". Se qualcuno parla di voi vuol dire che vi sta dando importanza. Siete al centro della sua attenzione, un motivo ci sarà no? Dovrebbe alzare la vostra autostima questo, l'essere importanti e chiacchierati.
Provate ad usare le influenze e i giudizi esterni a vostro favore, a vederli sotto una luce diversa.
Se parlano di me non è perché non sono all'altezza, sono una pessima persona, ho qualcosa che non va.

Vuol dire che sono invidiosi di me, ho qualcosa che loro non hanno e che vorrebbero avere, mi mettono al centro della loro attenzione, sprecano il loro tempo pensando a me.
Provate a vederla sotto questo punto di vista.
Vedrete come cambieranno le cose, come vi sentirete meglio, più sicuri di voi stessi.
Non lasciate che i giudizi esterni vi entrino dentro e vi causino danni, stimolando in voi uno dei peggiori stati d'animo: la paura.

Autostima e paura
La paura è un grande nemico dell'uomo.
È capace di rovinare la vita, rovinare i rapporti che abbiamo con gli altri e con il mondo, è capace di influenzare ogni nostra azione in maniera negativa.
Quante volte non facciamo qualcosa perché abbiamo paura?
Non intraprendiamo quel viaggio perché abbiamo paura di ciò che ci può succedere, non lasciamo il lavoro che non ci piace perché abbiamo paura di non trovarne un altro.
Non lasciamo il partner con cui stiamo anche se ci fa soffrire, perché abbiamo paura di rimanere soli.
La paura si insinua nella mente delle persone e le condiziona, le domina ed assume il controllo della sfera emotiva.
Ci sono molte paure: la paura di sbagliare, la paura di fallire, la paura di rischiare, la paura di cambiare.
Paure derivate da eventi passati che non sono andati a buon fine, quindi in questo caso paura di soffrire di nuovo.
Non bisogna avere paura di sbagliare.
Non sbaglia soltanto chi non fa niente o chi non agisce, perché gli esseri umani sbagliano tutti.
Errare è umano si dice, no? Molto meglio sbagliare che non fare niente.
Questo vale in tutti gli ambiti, nel lavoro, nello studio, nella vita.
Meglio dare un esame e non passarlo piuttosto che non darlo, meglio provare a fare qualcosa a lavoro anche se non va a buon fine, piuttosto che rimanere lì a non fare niente.
Perciò non abbiate paura di sbagliare, non lasciate che la paura vi domini.
Dovreste avere molta più autostima verso voi stessi ad essere persone che non hanno paura di sbagliare, piuttosto che ad essere persone che stanno ferme e non fanno niente per paura. Da qui deriva la sicurezza verso sé stessi.
Se qualcosa in passato è andato storto e vi ha fatto soffrire, non vuol dire che debba succedere di nuovo.
Le cose brutte capitano ma capitano anche le cose belle.
La paura che ricapiti qualcosa di disastroso soltanto perché è successo in passato non farà altro che rovinare la vostra vita o peggio, vi impedirà di viverla fino in fondo.
Non abbiate paura che le cose belle della vostra vita finiscano o si trasformino in cose brutte, o non riuscirete a godervi niente.
Un detto dice: "Tutte le canzoni finiscono ma non è una buona ragione per smettere di ascoltare la musica".

Non sprecate il vostro prezioso tempo a pensare alle cose brutte che potrebbero capitare o la vita vi sfuggirà via.
Inoltre, le cose brutte capiteranno indipendentemente dal fatto che ci pensiate o meno, quindi perché logorarsi?
Il fatto che abbiate commesso un errore non vuol dire che lo ripeterete, anzi, dovreste aver imparato da esso e non commetterlo più.
Quindi non abbiate paura dei vostri errori e di essere giudicati da quelli, un errore non determina chi siete.
Un'altra paura che può far male all'autostima è la paura di essere giudicati.
La paura di non piacere agli altri, di non essere accettati. Dovete superare questa paura, non date peso a ciò che pensano gli altri.
Non nascondetevi, siate voi stessi senza paura di essere giudicati.
Ad essere sé stessi non si sbaglia mai.
Cercate di cacciare dalla vostra mente qualsiasi tipo di paura, perché quando siete voi stessi non dovete avere niente di cui aver paura.
bei denti bianchi.
Il risultato di un'abitudine può anche essere più complesso. Alcuni risultati potrebbero essere difficili da monitorare e valutare, ad esempio, un'abitudine più ampia di mangiare sano. Un risultato sano sarà difficile da valutare.
Non saprai se la salute è determinata dal benessere fisico e / o emotivo, questo è un risultato complesso.

Quando formi consapevolmente un'abitudine, considera attentamente il risultato che la tua abitudine otterrà, conserva il tuo risultato come qualcosa di misurabile, sarà più facile monitorare le prestazioni.
Se necessario, con il risultato attentamente studiato, potrebbe essere necessario modificare la routine per allinearlo con l'obiettivo del risultato.

Bene, tutti hanno abitudini, buone o cattive che siano!
Hai iniziato a prenderne sin dalla tenera età, che si tratti di succhiarti il pollice, fare un pisolino ogni pomeriggio dopo la scuola o lasciare le luci e la tv accese quando esci da una stanza.
O che dire del caffè mattutino che devi prendere prima che la tua giornata possa iniziare? Senza quella tazza, farai fatica a mettere insieme la tua mente al lavoro e una volta che il caffè entra in funzione, il tuo motore è improvvisamente accelerato e pronto per partire!
Questi comportamenti fanno parte della nostra routine quotidiana, che ci piaccia o no.
Vedi il potere di un'abitudine?
Prenditi un momento e prova a elencare alcune delle tue abitudini più importanti.
Ora, decidi se queste sono o meno abitudini che ti piacciono davvero!
Purtroppo sappiamo che non tutte ci fanno bene per fortuna, molti di noi riconoscono la necessità di sbarazzarsi delle cattive abitudini o di coltivarne di nuove e positive; ed è così che finiamo per cercare attivamente risposte attraverso

libri di auto-aiuto, Internet, consigli di amici e familiari o addirittura assumere consulenti e life coach per guidarci nella giusta direzione.

Niente è più importante di come ti senti e cosa pensi di te stesso.
Ma perché costruire ed essere in grado di mantenere un'alta stima di sé è così importante?
La vita diventa più semplice e leggera.
Quando ti piaci o ti ami di più, le cose diventano semplicemente più facili.
Quando ti piaci di più, quando la tua opinione su te stesso aumenta, smetterai di provare così avidamente a ottenere convalida e attenzione da altre persone.
Meno auto-sabotaggio.
Il peggior nemico della maggior parte delle persone sono loro stessi.
Aumentando e mantenendo alta la tua autostima ti sentirai più meritevole delle cose buone nella vita.
E così li seguirai più spesso e con più motivazione.
Sarai più stabile e in grado di gestire meglio i tempi difficili. Sarai meno bisognoso e più un donatore naturale.
Stare con te diventa più semplice e un'esperienza più leggera con molto meno dramma, discussioni o litigi basati su poco o niente.
E tutto questo è attraente in qualsiasi relazione, non importa se è con un amico, al lavoro o con un partner.
Sarai più felice.
Quindi questi sono alcuni dei perché più importanti.

Ma come migliorare la tua autostima in modo pratico?
Bene, oggi vorrei condividere 10 dei consigli e delle abitudini più potenti che ho trovato per migliorare e mantenere la mia autostima. Anche durante i giorni e i mesi difficili.

1. Dì stop al tuo critico interiore.
Può spronarti a fare cose per ottenere l'accettazione dalle persone nella tua vita.
Ma allo stesso tempo ridurrà la tua autostima.
Questa voce interiore sussurra o grida pensieri distruttivi nella tua mente.
Pensieri come ad esempio:
Sei pigro e sciatto, ora mettiti al lavoro.
Non sei affatto bravo nel tuo lavoro e qualcuno lo capirà e ti butterà fuori.
Sei peggio o più brutto del tuo amico / collega / partner.
Non devi accettarlo però.
Esistono modi per ridurre al minimo quella voce critica e sostituirla con pensieri più utili.
Puoi cambiare il modo in cui ti vedi.
Un modo per farlo è semplicemente dire basta ogni volta che il critico ti viene in mente.
Puoi farlo creando una parola o una frase interrotta.
Mentre il critico dice qualcosa nella tua mente grida: STOP!

Oppure inventate una frase o una parola che vi piace che interrompa il treno del pensiero guidato dal critico interiore.
Quindi rifocalizza i tuoi pensieri su qualcosa di più costruttivo. Come pianificare ciò che vuoi mangiare per cena o la tua tattica per la prossima partita di calcio.

2. Usa abitudini motivazionali più sane.
Per rendere il critico interiore meno utile a te stesso e quella voce più debole e allo stesso tempo motivarti ad agire e aumentare la tua autostima è certamente utile avere sane abitudini motivazionali.
Alcuni che ho usato per sostituire e riempire gran parte del posto che un tempo il critico interiore aveva nella mia mente sono questi:
Ricordati dei vantaggi.
Un modo semplice ma potente per motivare te stesso e mantenere alta quella motivazione ogni giorno è quello di annotare i benefici profondamente sentiti che otterrai dal seguire questo nuovo percorso o dal raggiungere un obiettivo.
Come per esempio mettersi in forma e avere più energia per i propri figli e per le persone a voi vicine.
O fare più soldi e grazie a questo poter viaggiare con l'amore della tua vita e sperimentare nuove meravigliose cose insieme.
Quando il tuo elenco è finito, salvalo e mettilo da qualche parte dove lo vedrai ogni giorno.
Ad esempio nel tuo spazio di lavoro o sul tuo frigorifero.
Concentrati nuovamente sul fare ciò che a TE piace davvero.
Dopo aver usato la parola d'ordine o la frase, concentrati su una di queste tecniche.
Con il tempo diventerà un'abitudine e il tuo critico interiore apparirà molto meno spesso.

3. Fai una pausa di 2 minuti per l'apprezzamento di te stesso.
Questa è un'abitudine molto semplice e divertente. E se ci dedichi solo due minuti ogni giorno per un mese, può fare un'enorme differenza.
Ecco cosa fai:
Fai un respiro profondo, rallenta e poniti questa domanda: quali sono le 3 cose che posso apprezzare di me stesso?
Esempi:
Aiuta un bel po' di persone ogni giorno in quello che scrivo.
Può far ridere le persone e dimenticare i loro problemi.
Sono molto premuroso quando si tratta dei nostri gatti.
Queste cose non devono essere grandi cose.
Che hai fatto una sana passeggiata o un giro in bicicletta dopo il lavoro invece di essere pigro.
Che sei una persona premurosa e gentile in molte situazioni.

Queste brevi pause non solo aumentano l'autostima a lungo termine, ma possono anche ribaltare uno stato d'animo negativo e ricaricarti di nuovo con molta energia positiva.

4. La sera scrivi 3 cose che ti piacciono su te stesso.
Quello che devi fare è porsi la domanda dall'ultima sezione:
Quali sono le 3 cose che posso apprezzare di me stesso?
Annota le tue risposte ogni sera in un diario o sul tuo computer/smartphone.
Un bel vantaggio in più di scriverlo è che dopo alcune settimane puoi leggere tutte le risposte per rimanere positivo e ottenere una buona spinta all'autostima e cambiare prospettiva nei giorni in cui potresti averne più bisogno.

5. Fai la cosa giusta.
Potrebbe essere comprensivo invece di giudicare in una situazione.
O per smetterla di preoccuparti o di dispiacerti per te stesso e concentrarti sulle opportunità e sulla gratitudine per ciò che hai effettivamente.
Non è sempre facile da fare.
O anche per sapere qual è la cosa giusta.
Ma concentrarsi su di esso e farlo nel miglior modo possibile fa una grande differenza sia nei risultati che si ottengono sia nel modo in cui si pensa a sé stessi.
Un suggerimento che rende più facile rimanere coerenti con il fare la cosa giusta è provare a intraprendere alcune di queste azioni all'inizio della giornata.
Ad esempio, fare un complimento a qualcuno, fare una colazione sana e allenarsi.
Può paralizzarti dall'agire perché hai tanta paura di non essere all'altezza di qualche standard.
E così procrastini e non ottieni i risultati che desideri.
Questo farà affondare la tua autostima.
Oppure agisci ma non sei mai o molto raramente soddisfatto di ciò che hai realizzato e delle tue prestazioni.
E così la tua opinione e i tuoi sentimenti su te stesso diventano sempre più negativi e la tua motivazione ad agire precipita.
Come puoi superare il perfezionismo?
Quando miri alla perfezione, di solito finisce in un progetto o in un'attività che non viene mai completata.
Quindi, invece, vai abbastanza bene.
Non usarlo come scusa per rilassarti.
Ma renditi semplicemente conto che c'è qualcosa chiamato abbastanza buono e quando sei lì allora hai finito.
Ricorda che acquistare nei miti della perfezione danneggerà te e le persone nella tua vita.
Perché la realtà può scontrarsi con le tue aspettative quando sono fuori dal mondo e danneggiare o addirittura portare alla fine di relazioni, lavori, progetti e così via.

6. Gestisci errori e fallimenti in modo più positivo.
È quello che fanno le persone di grande successo.
Anche se non ne sentiamo sempre parlare tanto quanto sentiamo dei loro successi.

In che modo il mio amico/genitore mi sosterrebbe e mi aiuterebbe in questa situazione?
Trova il lato positivo.
Un altro modo per essere più costruttivi in questo tipo di situazione è concentrarsi sull'ottimismo e sulle opportunità.

Quindi chiediti:
Qual è una cosa che posso imparare da questo? E qual è un'opportunità che posso trovare in questa situazione?
Questo ti aiuterà a cambiare il tuo punto di vista e, si spera, a non colpire lo stesso dosso un po' più avanti.

7. Sii più gentile con le altre persone.
Quando sei più gentile con gli altri, tendi a trattare e pensare anche a te stesso in modo più gentile.
E il modo in cui tratti le altre persone è il modo in cui tendono a trattarti a lungo termine.
Quindi concentrati sull'essere gentile nella tua vita quotidiana.

Puoi ad esempio:
- Sii lì e ascolta mentre lasci che qualcuno si sfoghi.
- Mostra la porta per la prossima persona.
- Lascia che qualcuno entri nella tua corsia mentre guidi.
- Incoraggia un amico o un familiare quando è incerto o demotivato.
- Dedica qualche minuto ad aiutare qualcuno in modo pratico.
- Condividi ciò che ti ha aiutato in una situazione difficile sui social media, un podcast o sul tuo blog.

8. Prova qualcosa di nuovo.
Quando provi qualcosa di nuovo, quando metti alla prova te stesso in un modo piccolo o più grande e esci dalla tua zona di comfort, la tua opinione su te stesso aumenta.
Potresti non aver fatto quello che hai fatto in modo spettacolare o eccezionale, ma almeno hai provato invece di sederti e non fare nulla.
E questo è qualcosa da apprezzare di te stesso e può aiutarti a prendere vita mentre esci da un solco.
Quindi esci regolarmente dalla tua zona di comfort.
Non aspettarti nulla, dì a te stesso che proverai qualcosa.
E poi in seguito puoi fare la stessa cosa ancora un paio di volte e migliorare le tue prestazioni.
E come sempre, se ti senti troppo spaventoso o scomodo, non picchiarti.
Fai invece un piccolo passo in avanti spingendoti delicatamente in movimento.

9. Trascorri più tempo con persone che ti sostengono (e meno tempo con persone distruttive).

Scegli di trascorrere meno tempo con persone che sono perfezioniste nervose, scortesi o non supportano i tuoi sogni o obiettivi.
E trascorri più tempo con persone positive ed edificanti che hanno standard e modi di pensare le cose più umani e più gentili.
E pensa anche a quello che leggi, ascolti e guardi.
Passa meno tempo su un forum Internet, leggendo una rivista o guardando un programma televisivo se ritieni che ti renda insicuro e se ti fa sentire più negativamente nei tuoi confronti.
Quindi dedica il tempo che dedichi a questa fonte di informazioni, ad esempio, alla lettura di libri, blog, siti Web e all'ascolto di podcast che ti aiutano e che ti fanno sentire bene con te stesso.

10. Ricorda i perché dell'alta autostima.
Qual è un modo semplice per rimanere coerenti con il fare qualcosa?
Come accennato in precedenza: ricordare i motivi più importanti per cui lo stai facendo.
Fare questa cosa semplice e tenere a mente queste potenti ragioni può fare miracoli:
Ricorda sempre:
Cura il tuo aspetto.
Aumenta la tua capacità di problem solving.
Aumenta il dialogo interno positivo.
Migliora l'autocontrollo.
Migliora la tua abilità comunicativa.

Prendi Spunto Dai Navy Seal

Le squadre SEAL (Sea, Air, Land) di oggi risalgono al primo gruppo di volontari selezionati tra i genieri dei battaglioni navali di costruzione (SeaBees) nella primavera del 1943. Questi volontari furono organizzati in squadre speciali chiamate Naval Combat Demolition Units (NCDUs).
Le unità furono incaricate della rimozione e distruzione degli ostacoli sulla spiaggia a beneficio delle truppe che effettuavano gli sbarchi anfibi.
Le NCDU si sono distinte durante la seconda guerra mondiale sia nei teatri dell'Atlantico che del Pacifico.
Nel 1947, la Marina organizzò le sue prime unità di attacco offensivo sottomarino. Durante il conflitto coreano, queste squadre di demolizione subacquea (UDT – Underwater Demolition Teams) hanno preso parte allo sbarco a Inchon e ad altre missioni tra cui le incursioni di demolizione su ponti e tunnel accessibili dall'acqua. Hanno anche condotto operazioni di dragaggio limitato nei porti e nei fiumi.
Durante gli anni '60, ogni ramo delle forze armate formò la propria forza contro-insurrezione.
La Marina ha utilizzato il personale UDT per formare unità separate chiamate squadre SEAL. Il gennaio 1962 segna l'incarico del SEAL Team ONE nella flotta del Pacifico e del SEAL Team TWO nella flotta atlantica.
Queste squadre sono state sviluppate per condurre guerre non convenzionali, guerre contro la guerriglia e operazioni clandestine in ambienti acquatici.
Allo stesso tempo, sono stati formati Gruppi di supporto alle operazioni navali per aiutare UDT, SEAL e altre due unità uniche - Supporto barca e ponticelli da spiaggia - in amministrazione, pianificazione, ricerca e sviluppo.
Durante la guerra del Vietnam, gli UDT eseguirono missioni di ricognizione ed effettuarono numerose operazioni offensive. Nel 1967, i Gruppi di supporto alle operazioni navali furono ribattezzati Naval Special Warfare Groups (NSWGs) man mano che aumentava il loro coinvolgimento in conflitti limitati e operazioni speciali.
Nel 1983, gli UDT esistenti furono ripensati come squadre SEAL e/o squadre di veicoli di consegna SEAL e la ricognizione idrografica e la demolizione subacquea divennero missioni appannaggio dei SEAL.
Il comando di guerra speciale navale fu commissionato il 16 aprile 1987 presso la base anfibia navale, Coronado, California.
La sua missione è quella di preparare le forze di guerra speciale navale per svolgere le loro missioni e sviluppare strategie, dottrine e tattiche per operazioni speciali.
Le squadre SEAL (Sea, Air, Land) affrontano quello che alcuni considerano l'addestramento militare più duro del mondo.
L'addestramento di base viene condotto presso il Centro di guerra speciale navale di Coronado.
Gli studenti incontrano ostacoli che sviluppano e mettono alla prova la loro resistenza, leadership e capacità di lavorare in gruppo.
Gli attuali SEAL sono quindi i discendenti degli esperti di demolizioni sottomarine e dei predoni della Marina che si insediarono a terra per recidere i cavi telefonici e

le linee ferroviarie durante la Seconda Guerra Mondiale, o nuotarono nelle secche al largo della Normandia e di Okinawa per sgombrare le mine e le trappole antiaeree.
In Vietnam si muovevano dentro e fuori dalla giungla, dalle sponde dei fiumi alle risaie, guadagnandosi il nome di "uomini con le facce verdi" dai vietnamiti.
A Grenada, a Panama, in Bosnia, in Somalia e in Afghanistan furono tra i primi ad arrivare.
Sono tra le unità militari più altamente decorate esistenti nonostante siano numericamente tra le più inferiori.
Ogni giorno negli ultimi decenni, infatti, hanno operato da qualsiasi parte nel mondo, evitando i media e compiendo le loro missioni nell'oscurità.
Oggi, i SEAL continuano a integrare la leadership e le tecniche di team building che enfatizzano fortemente comunicazione efficace, lealtà intensa, lavoro di qualità, cultura forte e innovazione.
La metodologia SEAL viene utilizzata come base per la leadership esecutiva e i programmi di team building aziendale. Le loro filosofie e valori forniscono le basi per il raggiungimento continuo di obiettivi ambiziosi.

Come vengono addestrati i Navy Seals
Arriviamo ora al punto che ci interessa.
I Navy SEALS sono noti per essere la forza speciale meglio addestrata dell'esercito degli Stati Uniti.
Alcuni arrivano al punto di dire che sono la forza speciale più preparata al mondo.
Per diventare un Navy Seal, un candidato deve superare diversi corsi e il famigerato corso di demolizioni subacquee di base di 6 mesi, chiamato Bud/S (Basic Underwater Demolition/SEALs).
Questo è il regime di allenamento più drenante fisicamente e mentalmente in campo militare; durante la Hell Week (tradotto: Settimana Infernale), agli studenti sono concesse meno di quattro ore di sonno durante l'intera settimana.
Il punto centrale dell'addestramento Bud/S è proprio quello di testare la volontà e la forza mentale di un soldato, eliminando i candidati che non sono abbastanza mentalmente preparati da entrare a far parte dei Navy Seals.
Sebbene i candidati Bud/S in arrivo negli ultimi anni siano fisicamente più in forma, il tasso di fallimento rimane ancora intorno alla media storica del 75%, portando così gli psicologi a determinare che non è la potenza fisica che prevale attraverso i Bud/S.
Piuttosto, a fare la differenza sono forza mentale e capacità di recupero.
Gli psicologi della Marina hanno studiato quel 25% che è riuscito a superare il corso per verificare quali tratti avessero in comune, cosa gli abbia permesso di diventare Navy Seals.
I tratti che possiedono tutti i Seal, e che li rendono mentalmente abbastanza forti da sopportare ogni giorno dolore fisico e affaticamento, sono quattro.
Sono chiamati "i quattro pilastri della resistenza mentale".
I quattro pilastri sono: definizione degli obiettivi, visualizzazione mentale, dialogo interiore positivo e controllo dell'eccitazione.

Definizione degli obiettivi
Questo pilastro non dovrebbe sorprendere in quanto le persone di successo fissano regolarmente obiettivi da raggiungere. Tuttavia, i Seal non si limitano a fissare obiettivi vaghi. Suddividono i loro obiettivi in micro-obiettivi, obiettivi a breve termine, obiettivi a medio termine e obiettivi a lungo termine.
Invece di pensare al completamento del corso di addestramento di sei mesi come a un obiettivo, i candidati che hanno superato il Bud/S hanno suddiviso i sei mesi in obiettivi settimanali, obiettivi giornalieri, obiettivi orari e persino obiettivi al minuto.
Ad esempio, durante una sessione di allenamento di 90 minuti alle 6 del mattino prima di colazione, un candidato medio si concentrerebbe semplicemente (ed esclusivamente) su come superare quel set di 90 minuti.
Tuttavia, il candidato di successo analizzerà la situazione ulteriormente, concentrandosi su una serie di esercizi alla volta. Stabilire obiettivi a breve termine, specifici e semplici, consente alla mente di concentrarsi su una cosa alla volta senza distrazioni.
Micro obiettivi estremamente a breve termine associati a obiettivi a più lungo termine sono ciò che consente ai Navy Seal di avere così tanto successo sul lavoro e nella vita.

Visualizzazione mentale
La visualizzazione mentale è utilizzata da atleti olimpici e musicisti di fama mondiale da molto tempo per integrare, aumentare e migliorare le loro capacità e la carriera stessa.
È un dato di fatto, alcuni psicologi pensano che l'esercizio mentale sia importante tanto quanto quello fisico.
In Bud/S, i candidati che eccellono usano la visualizzazione mentale per superare quei difficili sei mesi.

Durante la seconda fase dell'addestramento Bud/S, uno degli esercizi richiede agli studenti di indossare l'attrezzatura subacquea per eseguire svariate procedure di emergenza e azioni correttive per risolvere i problemi con l'attrezzatura subacquea. Ma tutto ciò deve essere eseguito mentre lo studente è sott'acqua.
Non è tutto: durante l'esercizio, gli istruttori attaccano gli studenti e disconnettono l'attrezzatura subacquea, lasciandoli in profondità sott'acqua senza alcuna attrezzatura.
Se l'istruttore ritiene che lo studente non sia rilassato o sia troppo ansioso durante l'esercizio, lo studente fallisce.
Questo esercizio è uno di quelli classificati come più difficile tra tutti quelli da affrontare durante i sei mesi di durata del Bud/S.
Gli psicologi della Marina hanno scoperto che coloro che hanno superato l'esercizio al primo tentativo hanno usato l'immaginazione mentale per prepararsi.
Immaginavano cioè di affrontare le varie azioni in modo corretto e immaginavano di farlo mentre venivano attaccati. Non c'è modo migliore per allenare la mente a prepararsi all'esercizio.

E una volta che l'esercizio (e l'attacco) si verificavano, la mente era pronta e il soldato aveva il pieno controllo delle proprie facoltà fisiche e mentali.
Quindi, ogni volta che ti trovi di fronte a un obiettivo o compito difficile, visualizza te stesso mentre lo completi con successo ripetutamente.
Questa visualizzazione costante serve a preparare la mente a ciò che verrà.
Quando la mente persevera, il corpo di solito la segue.

Dialogo interiore positivo
Più volte al giorno intrattieni conversazioni con te stesso, spesso inconsapevole di farlo.
Questo dialogo interiore non è sempre positivo o produttivo; a volte ti stai dicendo che non sei abbastanza bravo o che non puoi fare qualcosa.
Coloro che passano il corso Bud/S bloccano tutti i commenti negativi su sé stessi e usano solo il concetto di conversazione positiva per motivarsi costantemente ad andare avanti.
Molti Seal si ricordano costantemente che molti uomini prima di loro hanno completato il corso e quindi possono farcela anche loro.
Ricordano a sé stessi che dovrebbero essere in grado di passare senza problemi perché sono più fisicamente in forma rispetto ai loro predecessori.
Si ricordano di andare avanti e di non smettere, qualunque cosa accada.
Poiché ogni minuto dell'allenamento Bud/S è una prova di forza mentale, i Seal devono usare costantemente il dialogo interiore, a volte ogni pochi minuti, in modo da poter avere la grinta e la volontà di andare avanti.
Avere una conversazione positiva con sé stessi serve spesso come promemoria costante per riuscire e perseverare.

Controllo dell'eccitazione
Controllare il tuo stato mentale è estremamente importante per essere mentalmente resilienti.
I Seal sono in grado di controllare la loro risposta fisiologica e psicologica quando stimolati da stimoli esterni (come il pericolo).
Quando i nostri corpi si sentono sopraffatti o in pericolo, rilasciano sostanze chimiche note come cortisolo ed endorfina. Sono queste sostanze chimiche che fanno sudare i palmi delle mani: le nostre menti viaggiano, i nostri cuori battono all'impazzata e le nostre funzioni corporee non funzionano correttamente.
Questa è la risposta naturale del corpo allo stress, sviluppata nel corso di milioni di anni di evoluzione umana.
Ma i Seals imparano a controllare questa naturale risposta all'eccitazione in modo da essere pronti anche nelle circostanze più stressanti.

Respirazione corretta
Un metodo che viene insegnato ai Seals per controllare l'eccitazione è la tecnica di respirazione 4 × 4, anche detta "box breathing".

È stato proprio un comandante dei Seals in congedo a rivelarne i segreti, la ricerca scientifica ha fatto il resto riuscendo a dimostrare il legame tra respirazione, controllo delle emozioni e modo in cui agiamo.
Chi controlla la propria respirazione controlla il mondo. Certamente è in grado di controllare meglio sé stesso e le sue emozioni.
La tecnica di respirazione 4 x 4 è molto semplice da mettere in pratica: proprio per questo motivo non devi farti ingannare, continua a praticarla con costanza, su base quotidiana, la sua forza sta nella ripetizione regolare e non nell'uso sporadico "una tantum".
Inizia visualizzando nella tua mente un quadrato.
Ogni lato del quadrato è una fase del processo di respirazione. Inspira profondamente per 4 secondi, trattieni il respiro per altri 4 secondi, espira per 4 secondi e infine trattieni il respiro per altri 4 secondi.
Per iniziare, o se ti trovi in uno stato di eccitazione che vuoi controllare, puoi limitarti a espirare tutta l'aria che hai in corpo per 4 secondi e poi inspirare per lo stesso intervallo di tempo. Questa semplice azione ti permette di dare un ritmo alla respirazione, mantenendola sotto controllo; devi farlo per almeno 1 minuto affinché sia efficace nel controllo dell'eccitazione.
Questa stessa tecnica viene usata dai Seal nelle situazioni di emergenza: si limitano ad inspirare ed espirare tramite le narici a intervalli di 4 secondi, senza trattenere mai il respiro.
Ciò li aiuta a riprendere velocemente il controllo della situazione.
Con la pratica, puoi allungare gli intervalli di tempo della tecnica del box breathing a 5 o 6 secondi, mentre se ti trovi in difficoltà puoi fare un passo indietro a partire da un intervallo minimo di 2 secondi.
Naturalmente, questo non è l'unico metodo per ridurre lo stress, ma uno tra i più usati ed efficaci.
Ti starai sicuramente chiedendo come mai ti parlo dei Navy Seal, bene ti rispondo subito, loro sono considerati un esempio di autostima e controllo.
Le tecniche utilizzate nel loro addestramento possono darti un aiuto nel ritrovare te stesso in un momento difficile e aiutare la tua crescita personale.

Disciplina = libertà
Questo concetto potrebbe sembrare una contraddizione e potresti pensare che la disciplina sia l'opposto della libertà.
Ma la disciplina è il motore di tutte le nostre azioni quotidiane, quella che supera le mille e una scuse che ci rallentano.
Ecco perché la disciplina avrà sempre un valore molto più potente della motivazione, poiché quest'ultima è un'emozione e, come tale, è soggetta ad essere altalenante.
Non puoi sempre contare sul sentirti motivato per svolgere un compito durante la tua giornata, tuttavia puoi fidarti della disciplina che ti spingerà sempre a dare il massimo.
Inoltre, quest'ultima diventerà fondamentale quando affronterai momenti difficili nella tua vita.
Infatti, in questi momenti è normale che il tuo livello di motivazione sia a terra.

Rendendo la disciplina parte della tua vita quotidiana, questa migliorerà notevolmente.
Molti pensano che il talento sia abbastanza.
Pensano che possa portarti dove vuoi. Tuttavia, questa nozione è sbagliata. Talento e abilità non saranno mai abbastanza. Questo è il motivo per cui anche quegli atleti molto dotati, durante la formazione SEAL non riescono più facilmente degli altri.
In realtà, spesso questi atleti sono i primi a smettere, per avere successo hai bisogno di qualcosa di più del talento, hai bisogno di duro lavoro e perseveranza.
Devi anche imparare dai tuoi errori e fallimenti.
C'è un'enorme differenza tra abilità e successo, a lungo termine, dovrai lottare per ottenere quello che vuoi.
La disciplina è stata un tema SEAL da quando sono state costituite le prime due squadre nel 1962.
Oggi ci sono otto squadre SEAL, quattro su ogni costa, ci sono anche quattro distaccamenti speciali che controllano le imbarcazioni veloci lungo le coste e le vie navigabili. Nonostante il loro lignaggio della Marina, i SEAL sono abili sulla terra come nell'acqua e nell'aria, cosa che viene spesso trascurata.
Possono paracadutarsi e condurre operazioni di imboscata. Si allenano tanto nella navigazione terrestre e nella guerra terrestre quanto nelle operazioni in acqua.
In effetti, l'unica vera differenza tra abbattere una casa sulla spiaggia e abbattere una casa nell'entroterra è che i SEAL hanno più opzioni per avvicinarsi alla casa sulla spiaggia perché possono anche usare l'attrezzatura per l'immersione o le barche. Le azioni sul bersaglio sono le stesse e abbattere entrambi i tipi di casa non si avvicina alla complessità e agli ostacoli da affrontare per abbattere una nave da crociera in movimento o una nave container in mare.
Gli ufficiali sono spesso laureati e hanno ricevuto una formazione linguistica avanzata.
Se alla fine decidono di lasciare il servizio attivo, in genere hanno pochi problemi ad essere accettati in università e aziende.
Una volta formato un plotone SEAL, i suoi membri di solito si allenano insieme per altri 18 mesi, con una forte enfasi sulla tattica delle piccole unità e sulla pianificazione della missione.
Il plotone SEAL diventa la loro famiglia.
Decenni dopo, i SEAL in pensione guardano ancora indietro e ricordano i loro giorni di plotone come il periodo di maggior legame, lealtà e lavoro di squadra della loro vita.
I SEAL affrontano una vasta gamma di missioni, ma ognuna enfatizza la competenza tecnica, l'integrità organizzativa, una leadership forte ma personalizzata e un eccellente condizionamento fisico.
La lealtà la fa da padrona.

Addestra Mente E Corpo

Esercitati con qualcosa che ami
È stato dimostrato in innumerevoli studi che l'esercizio fisico può aiutare a ridurre lo stress, aumentare l'energia, migliorare l'umore e persino a renderci più creativi.
L'esercizio fisico però può essere un'abitudine davvero difficile da mantenere.
Ma se c'è una cosa che aiuta davvero a intraprendere l'esercizio fisico e renderlo un'abitudine a lungo termine è questa:
Esercitati in un modo che l'esercizio ti permetta di goderti qualcosa che ami.
Devi non vedere l'ora di allenarti.
Qualunque cosa tu faccia, che sia correre, sollevare pesi, fare cardio, arti marziali, yoga o quant'altro, devi scegliere un metodo di allenamento che ti piace davvero.
Mettiamo caso, ad esempio, che adori le arti marziali.
Hai molte più probabilità di attenerti al tuo allenamento se esso riguarda le arti marziali, piuttosto che correre o sollevare pesi. Se non ci fosse nessuna particolare attività fisica che ti piace, allora potresti essere un appassionato di musica.
Ascolta tutta la tua musica preferita durante l'allenamento e ti accorgerai di avere molte più probabilità di alzarti presto per allenarti.
Un'altra opzione è ascoltare un podcast o un audiolibro di tua scelta mentre corri, uno dei modi migliori per imparare cose nuove e mantenere in forma sia la mente che il corpo.
In entrambi i casi, l'esercizio fisico è importante, quindi trova un modo per farlo funzionare per te.
I Navy Seal, ovviamente, svolgono un esercizio fisico quotidiano che non solo tempra i soldati nel fisico, ma è uno strumento utile a sviluppare la loro disciplina di ferro.
Se inizi a svegliarti al mattino presto per andare a correre, è inevitabile che diventi più disciplinato anche in tutte le altre aree della vita.

Meditazione
La meditazione è un altro fattore molto importante.
Tuttavia, la meditazione non è proprio quello che la maggior parte della gente pensa che sia.
Se non ti piace l'idea tradizionale della meditazione, puoi meditare mentre fai praticamente qualsiasi cosa, se usi il metodo giusto (cioè la meditazione della consapevolezza). Inoltre, gli studi hanno dimostrato che anche solo cinque o dieci minuti di meditazione al giorno offrono grandi benefici, quindi non pensare di doverti sedere per mezz'ora ogni giorno. Similmente all'esercizio fisico, esistono diversi metodi e forme di meditazione, quindi avventurati e sperimenta un po' per trovare un metodo e una forma che funzioni per te.
Ognuno è diverso e metodi di meditazione diversi tendono a funzionare meglio per persone diverse.
Camminata consapevole

La meditazione consapevole, nota anche come meditazione camminata, è meditazione in movimento.
Può essere fatta formalmente come una pratica dedicata e informalmente prestando attenzione ai tuoi passi e a ciò che accade intorno a te mentre ti muovi.
Questa pratica è ottima per molte delle stesse ragioni per cui viene praticata la meditazione formale (sebbene meno concentrata), tuttavia c'è un'altra grande ragione per fare una camminata consapevole: ti aiuta a sintonizzarti con il tuo corpo.
A volte, nel corpo accadono cose che non notiamo.
Spesso, problemi cronici e malattie iniziano a insinuarsi in modi spesso invisibili tuttavia, imparando a sintonizzarsi sul corpo con una camminata consapevole, possiamo notare questi problemi insorgenti prima che diventino più gravi.
In molti modi, questo esercizio ci dà un'opportunità per fare un check-up alla mente e al corpo su base regolare e in modo incredibilmente conveniente, mentre cioè svolgiamo le nostre attività quotidiane.

Alzati presto
Alzarsi presto è un'abitudine che potresti impiegare anni a sviluppare.
Puoi diventare una persona mattiniera facilmente seguendo questi consigli.
Ci sono aspetti positivi dello stare alzati fino a tardi, in particolare se scopri di essere più produttivo o creativo durante le ore notturne, in generale, la maggior parte delle persone è più produttiva nelle prime ore del mattino.
Inoltre, svegliarsi presto e adottare una routine mattutina che ti prepara per la giornata ti aiuta a iniziare ogni giornata con lo stato d'animo ottimale per affrontare i problemi e prendere decisioni, qualcosa di incredibilmente utile per tutti, indipendentemente dalla professione.
Quindi, se non sei già un mattiniero, questo è sicuramente un fattore da considerare.

Adotta una routine serale
L'adozione di un'efficace routine serale, che metta la tua mente nello stato giusto prima di dormire e aiuti a massimizzare la qualità del sonno, è anch'essa una pratica incredibilmente benefica.
Sfortunatamente, molti in Occidente non apprezzano abbastanza il sonno.
Tendiamo a mettere il lavoro al di sopra del benessere e preferiamo lasciare il sonno "per quando moriamo". Due decenni di ricerca scientifica dicono che questa non è solo una cattiva idea per la salute, ma è anche una scelta improduttiva.
Prenditi del tempo per creare una semplice ma efficace routine serale che favorisca il tuo sonno e non te ne pentirai.
Per esempio, potresti spegnere qualsiasi dispositivo elettronico due o tre ore prima di andare a letto, assumere del magnesio e scrivere un piano per il giorno dopo, così da sapere esattamente cosa fare appena ti sarai alzato.
Rimuovi lo zucchero, aggiungi acqua, ottieni il cibo dalla fonte
Questa è la ricetta di base da seguire quando si tratta di consigli nutrizionali.
Nel corso degli anni, si è imparato molto e si sono provate tante cose diverse per quanto riguarda l'alimentazione.

Ci sono un sacco di consigli là fuori e, giustamente, l'argomento può diventare abbastanza confuso.
Queste raccomandazioni, invece, sono estremamente semplici ed effettive.
Comincia col rimuovere lo zucchero: fa male alla salute, lo zucchero occasionale va bene, anche quotidianamente, purché cerchi di mantenerlo sotto i 50 g al massimo in assoluto (30 g sarebbe anche meglio).
Aggiungi acqua: acquista una borraccia o bottiglia per l'acqua giornaliera di cui hai bisogno e avrai una probabilità mille volte maggiore di mantenere l'abitudine di bere acqua ogni giorno.
Circa due litri al giorno vanno bene, ma dovresti esaminare qual è la quantità ideale per te in base al tuo peso corporeo.
Prendi il tuo cibo dalla fonte: c'è una fattoria nella zona dove vivi? O un mercato agricolo? Eccezionale.
Una sezione del tuo negozio di alimentari propone cibi agricoli locali? Perfetto.
Questo consiglio è valido anche per la natura del cibo che mangi.
Metti un po' più di cibi integrali nella tua dieta e compra uno spremiagrumi.
Mantieni la semplicità e utilizza questo metodo per ottenere il massimo beneficio dal cambiamento di dieta, risparmiando tempo per concentrarti su ciò che è più importante per te.

Trova amici che si identificano con le tue sfide
Siamo creature sociali, non importa cosa pensi al riguardo, non puoi sfuggire a questo aspetto.
E così, in virtù di ciò, più siamo sociali, più tendiamo a essere sani ed equilibrati.
C'è qualcosa di molto specifico nelle relazioni, che ci aiuta più di ogni altra cosa: avere persone intorno a noi che si identificano e simpatizzano con le nostre sfide e con le quali comunichiamo spesso riguardo a tali sfide.
La mancanza di ciò è spesso la ragione del suicidio in coloro che soffrono di depressione o bullismo.

Quando abbiamo persone intorno a noi che ascoltano e capiscono cosa stiamo attraversando, succede qualcosa di magico: ce la facciamo più facilmente.
È una cosa molto semplice che spesso trascuriamo, ma è davvero fondamentale per la nostra salute mentale e persino fisica.

Trova un progetto o uno sbocco creativo
Se stai seguendo le tue passioni da tempo, sai già quanto questo ti possa far star bene.
L'energia che otteniamo dal perseguire le nostre passioni è illimitata e ci dà un senso di vitalità che è difficile (se non impossibile) acquisire in altro modo.
L'uso regolare del nostro cervello mantiene la nostra mente forte, così come il movimento aiuta a mantenerci fisicamente sani, quindi se non hai ancora avuto il tempo di trovare ciò di cui sei appassionato e di iniziare a perseguirlo con ogni fibra del tuo essere, inizia ora: non è mai troppo tardi.
Una mente e un corpo sani sono qualcosa che spesso trascuriamo, ma influiscono su ogni aspetto della nostra vita quotidiana, da quanto siamo felici a quanto bene

lavoriamo. Inizia scegliendo uno o due di questi punti e implementali nella tua vita come nuove abitudini, per creare un graduale cambiamento positivo che si estenderà presto ad ogni area della tua vita.

La Mindfulness Come Filosofia Di Vita

La mindfulness è una filosofia di vita, nonché un modo di vivere la quotidianità e di approcciarsi alla realtà.
Questa filosofia ha origini orientali, precisamente dai monaci tibetani, ma è stata colta da un biologo incuriosito dai molteplici effetti positivi di questa pratica.
Il concetto di mindfulness affonda le sue radici nella tradizione buddhista di oltre 2500 anni fa, quando il Buddha rispose sono sveglio alla domanda di un discepolo relativa alla sua natura divina.
La parola mindfulness è una traduzione inglese del termine sati che, in lingua Pali, significa consapevolezza, attenzione consapevole.
L'ideogramma completo fa riferimento all'atto di vivere il presente con il cuore e si tratta del primo dei Sette Fattori dell'illuminazione: la retta consapevolezza è, inoltre, il settimo elemento del Nobile Ottuplice Sentiero di cui abbiamo già parlato in precedenza in un approfondimento.
La parola sati può essere interpretata anche tenendo in considerazione il verbo sarati che significa ricordare: lo sviluppo della mindfulness aumenta la nostra capacità di ricordare pensieri e comportamenti, ma soprattutto le conseguenze che questi hanno su noi stessi o sugli altri, permettendoci di imparare dai nostri errori.
Lo sviluppo della mindfulness o della consapevolezza pura come spesso viene chiamata, aiuta a ridurre la sofferenza e quindi non è uno scopo, bensì un conseguimento di valore.
Il suo sviluppo in qualità di presenza mentale, infatti, aumenta la consapevolezza delle nostre intenzioni, delle emozioni, delle parole e dei pensieri e, di conseguenza, delle azioni che mettiamo in atto. Proprio in questo modo riusciamo a raggiungere una maggiore chiarezza mentale.
Il primo protocollo mindfulness è nato per ridurre lo stress con il programma chiamato MBSR o mindfulness-based stress reduction, dopodiché ne sono nati altri dedicati ad altre aree come quella alimentare – mindful eating che vedremo nel dettaglio nel prossimo capitolo.
La definizione moderna di mindfulness la vede come un processo di prestare attenzione intenzionalmente e in modo non giudicante all'esperienza del momento presente, momento dopo momento.
La relazione che abbiamo con le nostre esperienze esterne ed interne è caratterizzata dall'accettazione e dall'attenzione consapevole.
Quindi, la mindfulness è formata da due componenti connesse tra loro: l'abilità di autoregolare la nostra attenzione, dirigendola al presente e l'attitudine con cui lo facciamo, fatta di accettazione, curiosità e apertura.
Ogni giorno, le nostre azioni sono guidate dal pilota automatico che inseriamo per fronteggiare la realtà.
Infatti, ci serviamo di schemi automatizzati che non richiedono una grande concentrazione o uno sforzo mentale per vivere ma, anzi, ci portano a reagire alle situazioni invece di scegliere consapevolmente come comportarci.
Tutti noi abbiamo sperimentato e continuiamo a sperimentare le reazioni di una vita priva di consapevolezza anche se, chiaramente, non tutte le azioni automatiche che

compiamo sono negative ad esempio, quando rientriamo a casa da una giornata sfiancante in ufficio e inseriamo il pilota automatico nel momento in cui ci mettiamo al volante, l'auto ci porterà sulla giusta strada senza farci sprecare ulteriori energie. Purtroppo, però, fare affidamento sempre e solo a questa modalità, ci porta a smettere di vivere e di permettere agli automatismi di prendere le redini della nostra vita.
È così che finiamo per vedere senza guardare, ascoltare senza prestare attenzione a ciò che ci stanno dicendo e sopravvivere invece di vivere davvero. Questo vale per chiunque, sia per chi vive un momento di disagio, sia per chi vive la propria quotidianità.

La mindfulness si basa su sette principi che risultano utili anche come approccio alla vita, in quanto amplieranno la nostra mente e ci aiuteranno a sviluppare una certa capacità di accettare le cose per quello che sono. Vediamoli insieme.

Non giudizio
Quando pensiamo, automaticamente, la nostra mente emette un giudizio che nella stragrande maggioranza dei casi ci appesantisce.
La pratica della mindfulness può risultare utile per prendere consapevolezza di quella tendenza che abbiamo a puntare il dito contro noi stessi e ci aiuterà ad imparare ad osservare questa nostra abitudine, senza giudicarla.

Pazienza
La virtù dei forti, quella che viene meno quando stiamo imparando qualcosa di nuovo o quando viviamo una situazione spiacevole e non vediamo l'ora che la nuvoletta nera che aleggia sopra alla nostra testa scompaia.
Il nostro corpo e la nostra mente, in realtà, hanno una certa capacità di apprendimento e di adattamento che raggiungerà quegli obiettivi in modo naturale. La pazienza, quindi, è la principale forma di saggezza e può essere appresa con la meditazione.

Mente del principiante
Significa vivere in modo spontaneo, come farebbe un bambino che non vede l'ora di scoprire e di imparare cose nuove. Questa mentalità è tipica di una persona che non pensa che esista un talento alla base di qualsiasi cosa ma che, anzi, ogni cosa possa essere appresa.

Fiducia
Strettamente connessa alla pazienza, si tratta di fidarsi delle proprie capacità, ovvero dell'avere fiducia in noi stessi in quanto, piano piano, riusciremo a cambiare grazie all'esercizio costante.

Non cercare risultati
Anche questo punto è collegato alla pazienza, in quanto se mettessimo da parte il desiderio di voler raggiungere un obiettivo a tutti i costi, allora ci concentreremmo

su tutti gli altri aspetti della vita, ce ne sono molteplici oltre al risultato finale ma che, spesso, non vediamo.
Eppure, sono proprio davanti al nostro naso.

Accettazione
Ovvero essere capaci di vedere le cose per quello che sono. Non è possibile imparare questa capacità teoricamente, ma solo con la pratica.

Lasciare andare
Le nostre esperienze, le nostre emozioni e le nostre sensazioni vengono accettate per quello che sono e, in questo modo, le possiamo lasciare andare con maggiore leggerezza.

Prima di iniziare a praticare, ti suggerisco di trovare lo spirito giusto per affrontare il caos della tua mente.
Inutile dire che una stanza silenziosa e un ambiente familiare possono davvero fare la differenza! Cerca di creare un "angolo di relax" in cui ti senti accolto e al sicuro da qualsiasi forma di giudizio.
Moltissimi meditatori preferiscono incontrarsi presso i Centri e le Scuole delle loro città, ma non c'è niente di sbagliato nel muovere i primi passi in autonomia.
In ogni caso, lo spazio in cui scegli di praticare Mindfulness è senza dubbio un fattore secondario: nel corso del tempo potrai meditare ovunque tu voglia indipendentemente dal fatto di essere solo o accerchiato da altre persone (che probabilmente non si renderanno neppure conto della tua pausa ristoratrice!)
Tra le tante forme di "riscaldamento" che ho messo in pratica nel corso degli anni, ce n'è una in particolare che reputo adatta sia ai principianti sia ai meditatori advanced.
Io utilizzo ogni mattina il suono della campane tibetane.
Ne hai mai sentito parlare? Questi oggetti sono realizzati in robuste leghe di bronzo a base di zinco, argento, rame o nichel a seconda delle preferenze.
La loro peculiarità è quella di produrre un suono ricco e armonioso percuotendo e sfregando il bordo della ciotola con bacchette in legno o pelle animale.
Questi oggetti appartengono dunque alla tradizione meditativa dei monaci buddisti sebbene, al giorno d'oggi, siano utilizzati anche dai professionisti del benessere nel settore della musicoterapia, dei massaggi e dello yoga.
Insomma, le vibrazioni dolci e profonde emesse dalle campane tibetane sono un valido alleato al fine di ridurre lo stress e trovare sollievo da alcune forme di dolore cronico.
Se la tua mente imparerà a concentrarsi sulla loro nota prolungata e intensa, ti sarà più semplice creare l'atteggiamento mindful e il rituale di cui hai bisogno per iniziare a praticare con consapevolezza.
Ricorda che corpo e mente sono due facce della stessa medaglia. Di conseguenza:

- Il valore benefico del suono incide sul nostro organismo migliorando la circolazione sanguigna, favorendo la digestione, rafforzando il sistema immunitario, eliminando le tossine e le scorie del corpo e allievando i dolori alle articolazioni, ai muscoli, alla sciatica e alla zona cervicale.

- Sul piano mentale, le campane tibetane sono fedeli alleate per garantire il giusto stato di rilassamento, alleviare i blocchi e le tenzioni emotive, favorire la concentrazione e assicurare la giusta dose di energia nell'arco della giornata.

Se vuoi approfondire i benefici delle onde cerebrali elettromagnetiche captate nel corso della meditazione, non posso che consigliarti l'articolo più interessante che abbia mai letto sull'argomento.

Pubblicato nel 2014 sull'American Journal of Health Promotion[2], raccoglie prove inconfutabili sui benefici della musica in meditazione.

Secondo i ricercatori, cominciare una sessione di rilassamento (e anche di Mindfulness) con 3-5 minuti di campane tibetane permette di armonizzare la frequenza cardiaca e ridurre la pressione sanguigna sistolica resposanbile dallo stress.

Il motivo? Questi tradizionali accessori meditativi emettono onde alfa molto simili a quelle presenti negli stati di meditazione e concentrazione più avanzata.

Di conseguenza, se fai fatica a trovare la giusta predisposizione mindful ti consiglio di introdurre la componente sonora per arginare il problema!

Pratica La Meditazione

È tempo di Pratica!

I primi esercizi di Mindfulness
Il mio percorso di meditazione è cominciato in un periodo della vita in cui ero consumato dalle preoccupazioni per il futuro e non riuscivo a concentrarmi sugli obiettivi della quotidianità.
Ricordo di aver cercato su Google qualche consiglio facile da mettere in pratica e capace di tenere a bada le emozioni negative che si affollavano nella mente.
Fu così che scoprii l'importanza e la centralità del respiro nella Mindfulness.
Pensaci per un solo istante: quante volte ti è capitato di praticare la consapevolezza del Qui e Ora senza neppure rendertene conto? Ti è mai accaduto di camminare in strada, seguire una lezione all'università o incontrare i tuoi amici per un aperitivo e pensare "incredibile, sono vivo e respiro!"
Gli esercizi di respirazione sono l'ABC del buon meditatore! Quando ti sembra di affogare nello stress, nel dolore e nella paura per ciò che accadrà in futuro, ricorda: il soffio d'aria che attraversa ogni poro della tua pelle è un'àncora di salvataggio su cui fare affidamento per trarti in salvo.
Di conseguenza, quali sono le tecniche con cui staccare la spina dalla vita superfrenetica a cui tutti noi siamo ormai assuefatti? Vediamo insieme come aprire la tua mente attraverso la pratica del buon respiro!

Il respiro 3-5-3 e 4-7-8
Un nome insolito, non è vero? Non è necessario essere matematici o fisici per depurare l'organismo da tutta la negatività grazie al potere…dei numeri!
Concentrati sui pattern 3-5-3 e 4-7-8 per cadenzare le fasi del respiro in modo armonioso e rilassante per il tuo corpo.
Nel primo caso, ispira per 3 secondi, trattieni il fiato che hai accumulato per 5 secondi e lascia defluire per altri 3 secondi.

La seconda variante è ancora più distensiva e rilassante della precedente: inspira per 4, trattieni per 7 e butta fuori l'aria accumulata con un lungo soffio di 8 secondi.
Cerca di ripetere il ciclo di respirazione fino a quando, complice la profonda ossigenazione raggiunta dal tuo organismo, il conteggio avverrà in modo del tutto inconscio e tu potrai iniziare a sentirti cullato dal battito del cuore e dalla calma della mente.

La respirazione del fuoco Kapalabhati
Un altro nome insolito.
È il caso di farci l'abitudine! Anche in questo caso, non è necessario trasformarti in un drago sputafuoco per mettere in pratica una delle più tradizionali tecniche dell'Hatha Yoga.
La parola Kapalabhathi può essere tradotta letteralmente come "il respiro che purifica la parte centrale del nostro cervello." Alcune versioni ci hanno poi condotto

alla versione "respirazione del fuoco" in virtù degli interessanti benefici che questo esercizio apporta ai polmoni del meditatore.

Tra i tanti vantaggi, il Kapalabhati rinforza le connessioni sinaptiche del sistema nervoso, elimina la sensazione di nebbia mentale e aiuta a tonificare i muscoli e gli organi deputati alla digestione.

Il motivo? Cinque minuti di respirazione del fuoco consentono di debellare gli eccessi di anidride carbonica derivanti dalla respirazione frenetica a cui siamo abituati, assicurando così un buon livello di ossigenazione.

Vediamo nel dettaglio di cosa si tratta:
- Metti una mano sul petto e sulla pancia dopo esserti accomodato nella posizione meditativa che preferisci (Loto Completo o variante birmana).
- Inspira profondamente attraverso il naso e cerca di percepire la contrazione dei muscoli addominali.
- Quando la tua capacità polmonare ha raggiunto il suo limite, espira rumorosamente e lascia che gli addominali si rilassino sotto il tatto del palmo caldo.
- Ripeti il ciclo per circa 10/15 volte ininterrottamente in modo tale che i battiti cardiaci aumentino d'intensità.

Per finire, goditi la sensazione di potenza vitale che attraversa il corpo da parte a parte! L'energia del fuoco si manifesta spesso sottoforma di un leggerissimo formicolio posto al centro del torace, più o meno all'altezza del diaframma.

Ti suggerisco di integrare questa semplice routine pre-meditativa alle tue abitudini quotidiane senza temere di risultare inopportuno o fuori luogo.

Chiudere gli occhi e affrontare le piccole (grandi sfide) della vita grazie all'energia del Kapalabhathi ti renderà più vitale ed energico.

La respirazione notturna

Non so se capita spesso anche a te, ma nei periodi di forte stress non riesco a chiudere occhio e al mattino mi alzo dal letto con la netta sensazione di essermi appena coricato. Parlando con un mio compagno di meditazione, ho scoperto una tecnica straordinariamente rilassante con cui favorire il sonno e godersi una bella dormita.

La pratica non ha un nome specifico sebbene affondi le sue radici in alcune credenze particolarmente care al feng-shui.

La posizione del letto, in altre parole, aiuta a creare il giusto mood: verifica che le temperatura della stanza oscilli tra i 15 e i 21 gradi, cerca di oscurare l'ambiente il meglio possibile e lasciati cullare da un po' di musica strumentale prima di cominciare l'esercizio che ho sintetizzato qui di seguito. Approcciare la meditazione notturna con il giusto atteggiamento ti permette di integrare la Mindfulness alla tua routine quotidiana senza preoccuparti di trovare una posizione seduta, un cuscino zafu o una candela per creare atmosfera.

Ti sarà sufficiente rimboccare le coperte e seguire i consigli che ho riassunto per te. Innanzitutto, tieni sempre a mente che la respirazione umana varia in maniera inconscia nel momento in cui la persona raggiunge uno stato di sonnolenza.

Il fiato rallenta gradualmente e, dopo una manciata di minuti, diventa più cadenzato, regolare e profondo.

Il nostro obiettivo è quello di ricreare consapevolmente le caratteristiche del respiro notturno allo scopo di addormentarci in uno stato di profondo rilassamento. Pronto?
• Inizia a percorrere con la mente tutte le aree di tensione che percepisci nel tuo corpo.
Senti dolore alle spalle, alla cervicale o alla testa? Quali sono i punti dell'organismo che ti sembrano nervosi e tirati? Prendi nota delle zone somatiche in cui si è accumulata la tua inquietudine.
• A questo punto, inspira profondamente.
Dopo aver trattenuto il soffio caldo nei tuoi polmoni, espira l'aria accumulata immaginando di cacciar fuori tutte le tensioni del corpo. Ripeti per 10-15 volte cercando di raggiungere uno stato di calma sempre crescente.
• Ti senti finalmente più rilassato? Il mio suggerimento è quello di rallentare gradualmente il tuo respiro.
Non cadere nell'errore di forzare il ciclo inspirazione-espirazione; sarà sufficiente concentrare le tue energie sulla piacevole sensazione derivante dalla calma che ti circonda (sia dentro sia fuori di te).
• Infine, continua a praticare il respiro consapevole e lascia che la tua mente, libera da qualsiasi preoccupazione, sia finalmente pronta ad accogliere il sonno.
È molto importante praticare la respirazione notturna per riconoscere le aree del corpo in cui tendi a somatizzare la negatività accumulata dopo una lunga giornata. Non preoccuparti se inizialmente ti sembra di cadere vittima di mille pensieri e preoccupazioni differenti; ti suggerisco di ripetere l'esercizio per almeno sette giorni consecutivi prima di tirare le somme e decidere se ti è stato davvero utile (o se puoi farne a meno!).

Adesso voglio invece illustrarvi le 4 categorie di meditazione che possono aiutarti nella tua crescita personale.

Meditazione della montagna
La meditazione della montagna è una pratica che aiuta a ristabilire l'equilibrio, soprattutto nei momenti più grigi della nostra vita.
Durante questa meditazione, infatti, immagineremo di incarnare la stabilità di una montagna, perennemente resiliente e ferma.
Tutto quello che dobbiamo fare è trovare almeno quindici minuti del nostro tempo da dedicare alla meditazione. Sediamoci in posizione rilassata, con la schiena dritta ma non rigida e facciamo tre respiri profondi, chiudendo gli occhi.
Ora immaginiamo una montagna maestosa e meravigliosa ai nostri occhi: può essere una montagna che conosciamo o che abbiamo visto in foto, o, semplicemente, possiamo creare la nostra personale montagna di fantasia.
Osserviamo la base della montagna fino ad arrivare alla vetta alta nel cielo: esaminiamo ora le sue caratteristiche di immobilità, di magnificenza, di solidità che durano nel tempo. Pensiamo al tempo che scorre, e guardiamo la montagna come se fosse in time-lapse: la notte e il giorno si susseguono e si rincorrono, insieme ai cambiamenti climatici che la nostra montagna attraversa giorno dopo giorno, di stagione in stagione, mentre lei resiste, imperturbabile, di fronte a qualsiasi condizione.

Immaginiamo di essere noi la montagna, mentre siamo seduti con i piedi appoggiati al suolo: il nostro corpo corrisponde alla massa della montagna, solidamente unita alla terra, le nostre braccia sono i pendii e la nostra testa, naturalmente, è la vetta imponente che si staglia nel cielo.

Ora osserviamo le nostre qualità e sentiamoci come lei, solidi, immobili e presenti in modo imperturbabile di fronte ai cambiamenti climatici.
Siamo qui da tanto tempo e anche noi cambiamo come ogni cosa, ma lo facciamo molto lentamente.
Lasciamoci toccare dalla pioggia, dalla neve, dal sole e rimaniamo presenti senza cercare di fuggire o di resistere: possiamo assistere a turbolenze, eventi della vita dentro e fuori di noi, ma a qualsiasi condizione noi siamo solidi e in pace, proprio come la montagna che abbiamo immaginato.
Ogni volta che la mente vaga, riportiamola con gentilezza alla sensazione di essere una montagna.
Non dobbiamo forzare le percezioni: se sentiamo di volerci concentrare di più sulla montagna prima di percepirla nel nostro corpo, possiamo farlo.
Ora immaginiamo di essere in primavera: osserviamo che cosa si prova ad essere una montagna durante questa stagione, nel momento in cui la vita si risveglia ed il sole ricomincia a scaldare i nostri pendii.
Alcune giornate sono calde, altre sono caratterizzate da nuvole e da un venticello ancora freddo, ma noi siamo sempre lì, giorno e notte, a sperimentare tutti i cambiamenti che avvengono intorno a noi.
Lasciamo l'immagine della primavera per fare spazio all'estate che avanza: le giornate sono più calde e assolate, gli animali cercano riparo all'ombra e i torrenti sono quasi aridi. Improvvisamente arrivano i temporali che si scatenano con la loro forza maestosa, fatta di fulmini, vento e pioggia.
Poi torna il sereno, l'aria è fresca, il cielo è terso e i torrenti ritornano a scorrere, pieni d'acqua.
Noi siamo sempre immobili ad osservare che accade tutto questo.
Ora immaginiamo l'autunno, con le sue notti fresche e le foglie degli alberi che iniziano a mutare.
Ogni giorno è diverso dal precedente: la pioggia è molto frequente, le nuvole sono basse e ci avvolgono completamente come farebbe una coperta calda.

Dopo aver sperimentato l'autunno, sentiamo il freddo che diventa sempre più insistente fino a far cadere la prima neve, che ci ricopre totalmente.
Tutto è ovattato e cambia aspetto: i torrenti sono ghiacciati e il vento entra nelle ossa.
Ma, nonostante tutto, noi siamo ancora qui, immobili e senza paura.
Le giornate di sole iniziano a farsi più insistenti e sciolgono la neve, facendo risorgere la terra sotto.
Osserviamo la vita che si risveglia e i primi germogli che sbocciano...
Una volta che abbiamo esplorato ogni stagione, possiamo concludere la meditazione e riportare l'attenzione al nostro corpo, al nostro respiro e ricominciare

ad orientare i sensi anche all'esterno di noi, avvertendo la temperatura della stanza in cui ci troviamo, i rumori del traffico... e, piano piano, possiamo riaprire gli occhi, cercando di mantenere la sintonia con le qualità della montagna.
Nei momenti difficili o di stress, riportiamo l'attenzione alla consapevolezza che abbiamo appena raggiunto: questo ci consente di comprendere quanto i pensieri condizionino le nostre emozioni.

Meditazione per coltivare l'energia positiva
Sediamoci in una posizione comoda, magari su un cuscino, chiudiamo gli occhi e congiungiamo le mani al cuore, palmo contro palmo, per prenderci un momento ed esprimere la nostra gratitudine.
Focalizziamoci sul motivo per cui siamo grati oggi: potrebbe essere qualsiasi cosa, dal sole che splende alle persone che ci vogliono bene o, semplicemente, possiamo mostrare gratitudine per essere vivi.
Ora sciogliamo le mani e appoggiamole alle nostre ginocchia con i palmi rivolti verso l'alto, pronti ad accogliere, o rivolti verso il basso, per lasciare andare; facciamo tre respiri profondi espirando dalla bocca.
Sentiamo la sensazione di rilassamento che si espande nel nostro corpo e continuiamo la meditazione respirando solo con il naso.
Ora possiamo iniziare a portare consapevolezza nel nostro corpo, partendo dalla nostra fronte e dalle sopracciglia, rilassando poi tutti i muscoli del nostro viso.

Inspiriamo e, mentre espiriamo, rilassiamo le nostre spalle, le braccia, le mani e le dita per poi passare al nostro cuore, allo stomaco, il bacino, le gambe fino ad arrivare alle dita dei piedi. Sentiamo il rilassamento in tutto il nostro corpo e manteniamo questa sensazione: potremmo sentire il nostro respiro diventare ancora più lento.
Limitiamoci ad osservare come il nostro corpo respira in autonomia.
Il nostro corpo sa già che cosa fare, si autoregola, e noi siamo solo lì ad osservare.
Non preoccupiamoci se qualche pensiero si annuvola nella nostra mente: non giudichiamolo, ma osserviamolo e lasciamolo andare.
I pensieri sono come delle nuvole che modificano la propria forma mentre si stagliano nella nostra mente: lasciamoli andare.
Passiamo ora alla visualizzazione.
Quando inspiriamo, immaginiamo di respirare un'energia positiva, leggera, che fluisce dal punto più alto della nostra testa e che si espande in tutto il nostro organismo quando espiriamo, spingendo le energie vecchie e stagnanti verso il basso, uscendo dalle dita dei nostri piedi.
Insieme a queste energie da eliminare, ci liberiamo anche dei pensieri e delle emozioni negative di cui non abbiamo bisogno.
Siamo fatti di energia e, attuando questa respirazione, stiamo scambiando energia a bassa intensità con energia nuova, più pulita e più intensa: dobbiamo imparare a proteggerci dall'energia che ci governa, scegliendo consapevolmente di alimentarci con la positività e lasciando andare l'energia negativa.

Ora che ci sentiamo sempre più positivi, possiamo ripetere queste affermazioni nella nostra mente:
- Sono degno;
- Sono abbastanza così come sono;
- Sono forte, coraggioso, resiliente;
- Mi amo, mi rispetto e mi accetto esattamente così come sono;
- Sono amato, sono protetto, sono in un posto sicuro;
- Mi posso esprimere liberamente;
- Scelgo l'amore rispetto alla paura;
- Sono autentico e i miei desideri sono allineati a quello che sto facendo;

Continuiamo la meditazione: queste affermazioni possono essere ripetute ogni volta che ne sentiamo la necessità nell'arco della giornata.
Riportiamo l'attenzione al nostro respiro, uniamo le mani al cuore per praticare la nostra gratitudine: per cosa siamo grati? Facciamo tre respiri profondi espirando dalla bocca e, piano piano, riapriamo gli occhi e torniamo alla realtà.

Meditazione per combattere ansia e stress
Alcuni pensano che l'ansia e lo stress facciano parte della vita, ma io ho scelto di non credere a questo pensiero universale perché, anche se essere stressati è davvero comune e tutti noi l'abbiamo sperimentato almeno una volta nella vita, abbiamo modo di raggiungere uno stato di consapevolezza che ci permette di combattere questo stress.
Essere così tanto consapevoli nel momento presente riesce a non farci avvertire questo sentimento negativo.
In che modo? Con la meditazione, naturalmente, e con altri consigli che scopriremo a breve.
Il primo modo per allontanare lo stress è fare una doccia bollente o un bagno con la schiuma – pulire il nostro corpo è in qualche modo collegato al ripulire la nostra anima e la nostra mente, lasciando andare tutte le preoccupazioni.

Essere presenti
Quando siamo stressati, solitamente ci stiamo preoccupando o siamo in ansia per il futuro perché non è certo;
ma quando siamo presenti in questo momento, siamo focalizzati in quello che stiamo facendo e non abbiamo alcun modo di pensare ad altro.
Siamo stressati perché impegniamo le nostre energie in qualcosa che non possiamo controllare e che appartiene al passato o al futuro, certamente non al momento presente. Proviamo a pensare ad un esame universitario o anche solo ad una verifica che abbiamo affrontato a scuola: mentre ci preparavamo, studiando tutto il giorno o procrastinando, eravamo in ansia perché non conoscevamo le domande, ma una volta seduti sul banco eravamo così concentrati a rispondere che lo stress si è volatilizzato in un secondo perché eravamo così concentrati a risolvere il problema da non avere modo di preoccuparci.
Lo stress non è relativo all'azione che facciamo, ma si basa solo sulla nostra idea di come sarà il futuro: per questo dobbiamo focalizzarci sull'azione nel momento presente e staremo bene.

Fare journaling
Fare journaling ci permette di mettere su carta il nostro flusso di coscienza comprensivo della nostra ansia e delle nostre preoccupazioni e ci consente di trovare delle soluzioni ai problemi che dobbiamo affrontare.

Parlare con qualcuno
Farsi aiutare da un professionista non è una mossa da persone deboli, ma da chi riconosce di avere un problema di ansia o di stress che non può migliorare con piccole azioni svolte ogni giorno.
A volte abbiamo bisogno di vedere la nostra situazione dall'esterno, o meglio, da un altro punto di vista.

Distacchiamoci dal risultato e impariamo a vivere il processo
Un altro modo per dire che non è importante la meta ma il viaggio: nella vita non possiamo controllare tutto e, per questo, abbiamo bisogno di concentrarci su quelle poche cose che possiamo modificare.
Non ha alcun senso essere frustrati per qualcosa che non abbiamo modo di migliorare.
Quello che succederà, succederà e non avendo delle aspettative non rimarremo nemmeno delusi da quanto accadrà. Non esiste una vita semplice o perfetta: gli ostacoli e gli eventi tragici accadranno in ogni caso e saremo facilitati se entreremo al più presto nella mentalità della serie sto facendo del mio meglio, sono qui per imparare e non mi interessa del risultato finale.

Meditare
Significa allineare la nostra anima al rumore che c'è intorno a noi, ritrovare quella pace e la calma mentale che ci servono per vivere con serenità.
Cinque minuti ogni giorno possono davvero fare la differenza, ma teniamo presente che quando stiamo vivendo un periodo ancora più stressante abbiamo bisogno di più tempo da dedicare alla meditazione.

Prendersi cura di sé
Come già detto, il nostro benessere deve sempre essere al primo posto per essere produttivi ogni giorno: mangiare in modo sano, bere tanta acqua, dormire per un numero sufficiente di ore sono le basi che tendiamo a sacrificare quando siamo sotto pressione.
Ogni volta che ci sentiamo stressati, in ansia o preoccupati (queste tre non sono altro che sfumature di paura) significa che sta accadendo nella nostra mente e la cosa migliore che possiamo fare per eliminare questo stato d'animo è fare qualcosa e non stare seduti sul divano a subire il tutto passivamente.
Quando facciamo qualcosa, la paura si dissolve perché siamo focalizzati su quello che stiamo facendo, sul momento presente che, tra l'altro, è la base della mindfulness.
Passiamo ora alla meditazione.

Sediamoci in una posizione comoda e chiudiamo gli occhi. Portiamo le mani al cuore, palmo contro palmo, per prenderci un momento ed esprimere la nostra gratitudine.
Per che cosa siamo grati oggi? Focalizziamoci su quel motivo per un istante e fissiamolo bene nella nostra mente.
Ora possiamo sciogliere le mani e appoggiarle alle ginocchia con i palmi rivolti verso l'alto o verso il basso, la scelta è solo nostra.
Quando siamo pronti, facciamo un respiro profondo espirando dalla bocca e iniziamo la meditazione.
Quando inspiriamo, alziamo le spalle verso l'alto e lasciamole andare con gentilezza durante l'espirazione a bocca aperta, insieme alle tensioni accumulate e allo stress che gironzola nella nostra mente.
Ora rilasciamo la tensione dal nostro collo: facciamo un'inspirazione profonda e portiamo il mento verso il basso per allungare i muscoli del collo quando espiriamo possiamo posizionare le mani dietro alla testa per intensificare la sensazione di allungamento e lasciarle lì per due cicli di respirazione.
Dopo aver allungato i muscoli del collo, possiamo portare la testa indietro, verso il soffitto, mentre inspiriamo e mantenere la posizione per due respirazioni.
Ricordiamo di rilasciare la bocca con l'espirazione.
Ora passiamo all'allungamento dei muscoli laterali: prima incliniamo la testa verso destra e manteniamo la posizione per tre respiri per poi portarla verso sinistra.
Se vogliamo intensificare lo stretching, possiamo posizionare la mano destra sulla nostra testa quando siamo rivolti in quella direzione e la sinistra quando siamo girati dall'altra parte.
Prendiamoci del tempo per fare dei cerchi con il collo molto lentamente, in senso orario e antiorario. Inspiriamo portando la testa verso destra e indietro, per poi espirare quando siamo sulla sinistra e in avanti.
Ora possiamo respirare normalmente e portare l'attenzione ad ogni parte del nostro corpo, partendo dalla fronte per poi passare alle labbra, allo scalpo, al nostro cervello.
Piano piano passiamo alle spalle, alle braccia, alle mani e alle dita.
Rilassiamo il nostro cuore, lo stomaco, i fianchi, le gambe, le caviglie e i piedi.
Rilassiamoci e respiriamo: non dobbiamo fare altro che avvertire questa sensazione di calma dentro di noi per memorizzarla e rievocarla ogni volta che ne abbiamo bisogno.
Troppo spesso permettiamo ai nostri pensieri di scavare nei ricordi o di cercare di prevedere il futuro, cosa che non possiamo fare: l'unico istante importante è adesso, il momento presente, e lì dobbiamo mantenere la nostra attenzione.
Il passato ed il presente sono solo illusioni, percezioni che ha la nostra mente ma che non sono reali.
L'unica cosa reale è il momento che stiamo vivendo ora.
Possiamo ripetere nella nostra mente dei mantra, delle affermazioni positive che possono aiutarci a mantenere la concentrazione, ad esempio:
- Mi trovo esattamente dove devo essere;
- L'energia segue l'attenzione e la mia attenzione è rivolta al qui ed ora;
- Uso il mio potere nel momento presente;

- Sono amato, protetto e al sicuro;
- Mi fido della guida dell'universo;
- Mi concedo di fidarmi e di vivere la vita;
- Mi sento libero e più leggero.

Visualizziamo la nostra idea di pace nella nostra mente: che forma ha? Focalizziamoci in quell'immagine in ogni dettaglio, compresi tutti e cinque i sensi e visualizziamoci in quell'immagine come creature luminose, leggere, capaci di vivere con leggerezza e consapevolezza.

Piano piano, quando ci sentiamo pronti, riportiamo l'attenzione alla realtà e al nostro respiro.

Facciamo tre respiri profondi espirando a bocca aperta, uniamo i palmi delle mani al cuore e ringraziamo noi stessi per questa sessione di meditazione e riapriamo gli occhi, pronti a tornare a vivere in modo più consapevole del momento presente.

Meditazione per coltivare il self-love

Qualsiasi cosa facciamo, c'è sempre quella voce dentro la nostra testa che ci parla e che, a volte, può risultare fastidiosa o sgradevole, soprattutto quando ci dice che non siamo abbastanza.

Spesso non diamo importanza a quella voce ma, in realtà, ha un peso notevole sul nostro benessere e sulla nostra felicità.

Tutti noi abbiamo bisogno di amore e purtroppo, il più delle volte, lo ricerchiamo nei posti sbagliati ovvero al di fuori di noi quando, in realtà, tutto quello che dobbiamo fare è cercare dentro di noi.

La relazione d'amore che abbiamo con noi stessi si costruisce giorno dopo giorno e dura per tutta la vita: per questo abbiamo bisogno di andare d'accordo con la vocina che ci parla.

Perché è così difficile amare sé stessi?

I motivi per cui finiamo per essere i più grandi nemici di noi stessi sono molteplici ma hanno un aspetto in comune: quello di pensare di non meritare amore.

Questo pensiero potrebbe diventare il nostro mantra e, in tal caso, diventa il pensiero più dannoso che possiamo permettere alla nostra mente di generare.

Se nel profondo pensiamo di non meritare alcun atto d'amore, grande o piccolo che sia, torneremo sempre al punto di partenza e ci auto-saboteremo, ad un certo punto. Sia che si tratti di una nuova relazione o di una nuova abitudine o di un nuovo corso da seguire, prima o poi, manderemo tutto all'aria a causa di quelle voci denigranti che ci sussurrano all'orecchio.

Questo accade perché pensiamo non esista una via d'uscita e ci identifichiamo in quelle voci, alle quali ci affezioniamo ma che, invece di aiutarci, ci soffocano.

E più ci intossicano, più non riusciremo a mantenere la mente lucida e consapevole e lasceremo al nostro giudice interiore la facoltà di prendere tutte le decisioni.

Non si tratta di trovare un colpevole, bensì di capire come liberarci da questo giudice che non ci permette di essere liberi.

Perdonare e perdonarsi

Il perdono è un'arma validissima che ci permette di rinascere di nuovo e di chiudere con amore il passato.

Qualsiasi cosa abbiamo subito o abbiamo fatto a noi stessi (o agli altri!), con il perdono riusciremo a sentirci sempre più degni di amore.
Ogni mattina possiamo prenderci qualche minuto per realizzare ed essere consapevoli del perdono verso noi stessi e le persone che ci circondano e che fanno parte della nostra realtà. Senza perdono, d'altronde, non abbiamo modo di vivere davvero, ma solo di sopravvivere.

Esercitare la gratitudine
Essere grati per ciò che siamo ora, in questo momento, perché siamo unici al mondo e non potremmo essere da nessun'altra parte.
Praticare la gratitudine rilascia una sensazione di serenità che ci permette di essere totalmente presenti a ciò che la vita ci offre.
Per allenare la gratitudine, possiamo prendere nota di almeno tre cose per cui siamo grati ogni giorno, senza dover cercare qualcosa di originale: già il solo fatto di essere vivi e con un tetto sulla testa è un miracolo che molti sognano.
Riflettiamo anche sulle piccole cose che diamo per scontato come potrebbe essere il nostro cuore che batte incessantemente da quando siamo nati e che ci permette di vivere.

Riscoprirsi ogni giorno
Questo significa avere delle priorità e sapersi ritagliare del tempo per approfondire la relazione con noi stessi, riscoprendoci ed esplorando qualcosa di nuovo che potrebbe arricchirci interiormente.
Possiamo partire da qualcosa di semplice, come cambiare piccole abitudini per prenderci cura del nostro corpo, fino a dedicare del tempo alla crescita personale, alla nostra evoluzione spirituale e alle relazioni che abbiamo bisogno di coltivare nella vita.
La meditazione, in ogni caso, è il metodo migliore per riscoprirsi: grazie a questa pratica, possiamo entrare nei nostri meccanismi mentali e iniziare ad osservarli in qualità di spettatori.

Osservando, comprenderemo di essere molto di più dei pensieri che ci attraversano la mente e ci renderemo conto di non essere nemmeno quel giudice che, per tanto tempo, ci ha criticato.
Allontanandoci da ciò che pensiamo, senza più identificarci in quel giudice, emergerà finalmente il lato più autentico di noi e la voce che ci ha sempre denigrato cambierà tono, lasciando spazio alla compassione e all'amore che meritiamo.
L'auto-osservazione dei pensieri, insieme alla pratica della gratitudine e del perdono apriranno la strada verso la libertà e l'inizio di una relazione d'amore con noi stessi che durerà per tutta la vita.
Una meditazione che possiamo praticare per allenare l'amore verso noi stessi è la seguente.
Sediamoci in una posizione comoda, e appoggiamo le mani sulle ginocchia, con il palmo rivolto verso l'alto per ricevere. Facciamo tre respiri profondi, espirando

dalla bocca: inspiriamo dal naso, sentendo i polmoni che si riempiono d'aria ed espiriamo a bocca aperta.
Prendiamoci un momento per riflettere sulla gratitudine: per che cosa siamo grati in questo momento?
Sentiamo l'energia dentro di noi, dentro il nostro corpo.
Un corpo che ci permette di vivere in piena salute, che ci supporta in ogni cosa vogliamo fare nella vita: diamo al nostro corpo la consapevolezza e l'amore per tutti i miracoli che fa ogni giorno per lasciarci respirare.
Focalizziamoci sul nostro respiro per un momento: possiamo notare come il nostro corpo continui a respirare senza troppi sforzi, ma quando spostiamo l'attenzione e la concentriamo sul nostro respiro, possiamo controllarlo.
Iniziamo a rilassare tutto il nostro corpo, partendo dalla fronte, il cervello, la mandibola, le spalle, il nostro cuore... il nostro corpo, nella sua interezza.
Il nostro corpo è la nostra casa e lo sarà per tanto tempo: prendiamocene cura ogni giorno con amore e gentilezza.

Pensiamo a che cosa significa amore per noi stessi secondo noi: accettarci per quello che siamo, punti deboli e di forza inclusi; perdoniamoci, sappiamo che va bene fare errori; non sentirci inferiori agli altri; renderci conto di essere un work in progress e non un lavoro già finito.
Coltivare l'amore per noi stessi significa amarsi incondizionatamente ogni giorno, non dobbiamo essere nient'altro che noi stessi, non dobbiamo dimostrare nulla a nessuno, non dobbiamo fingere: siamo già degni di amore, così come siamo.
Ora ci focalizzeremo sulle affermazioni che possono aiutarci a coltivare l'amore per noi stessi: possiamo decidere di ripetere le frasi nella nostra mente o ad alta voce.
- Mi accetto così come sono;
- Sono grato per il mio corpo e per tutto quello che fa per me;
- Sono abbastanza;
- Sono degno;
- La mia luce è unica e non è paragonabile agli altri;
- Mi rispetto e mi concedo quello di cui ho bisogno;
- Impostare dei confini è un atto di amore verso me stesso;
-    Ho lasciato andare tutto ciò che non è allineato ai miei valori e che non mi permette di progredire.
Torniamo al nostro respiro e notiamo come ci sentiamo ora, ricchi di amore.
Memorizziamo questa sensazione: possiamo sempre tornare a percepirla, in qualsiasi momento.
Immaginiamo l'energia dell'amore che ci circonda totalmente. Sentiamo il calore di questa energia che abbraccia il nostro corpo.
L'amore è ovunque, insieme alla luce.
Respiriamo profondamente, inspirando quell'energia che ci circonda dentro di noi: visualizziamo come illumina tutto il nostro organismo.
Quando espiriamo, rilasciamo la paura e tutto ciò che ci limita. Una volta che entra luce dentro noi, il buio scompare automaticamente.

Inspiriamo amore ed espiriamo paura.
Riportiamo la nostra attenzione al respiro.
Con questa meditazione oggi abbiamo fatto il pieno di amore e di accettazione; meritiamo l'amore semplicemente perché esistiamo.
Più amore abbiamo per noi stessi, più amore possiamo donare agli altri, ricordiamolo sempre.

L'importanza delle candele nella meditazione
Gestire i pensieri negativi è molto più semplice se ci serviamo di un rituale.
Di conseguenza, qualora dovessi trovare risposta alla domanda "perché mi serve una candela per meditare?", ammetterei che non ne hai realmente bisogno.
Il vantaggio della Mindfulness è che può essere praticata come e dove preferisci, senza necessità di portare con te oggetti ausiliari. In ogni caso, è naturale cercare un punto di ancoraggio con il mondo esterno quando ci troviamo a riflettere sulla nostra interiorità.
Le candele sono un piccolo segreto di concentrazione che ti aiuterà a mantenere il giusto stato mentale nel corso della sessione.
Ti dirò: secondo la mia esperienza è consigliabile utilizzare le candele meditative quando vogliamo vivere un attimo più immersivo e profondo a contatto con la nostra interiorità.
È proprio in questi istanti che le emozioni negative si manifestano in tutta la loro forza: quando abbassiamo le difese della coscienza, i "mostri" che abbiamo dentro tornano a farci paura.
Usare la luce di una candela può favorire la concentrazione e creare un'atmosfera familiare in cui sentirci al sicuro.
Il fuoco è un elemento suggestivo e potentissimo.
Integrare la forza della natura alla tua sessione di Mindfulness è il primo passo per entrare in contatto con la parte consapevole di te stesso.
In aggiunta a quanto detto, voglio brevemente illustrarti una tecnica di meditazione che si basa per l'appunto sulla connessione con oggetti del mondo esterno.

Il suo nome è trataka.
- Secondo trataka è possibile fissare il tremolio della fiammella per creare uno stato di profondo rilassamento (quasi ipnotico).

La versione tradizionale prevede l'utilizzo di una sola candela, ma puoi sperimentare la medesima sensazione di fronte a un caminetto che arde.
- Svuota la mente, socchiudi gli occhi e concentrati sul movimento lento e leggiadro della candela che hai scelto di utilizzare.

Inizia a respirare in maniera mindful e trova un equilibrio tra il corpo, la mente e l'unico legame che ti tiene ancorato alla realtà esterna: la candela.
- Cerca di posizionare la candela all'altezza dei tuoi occhi o poco più in basso.

Dovresti evitare di piegarti o di sforzare i muscoli cervicali per osservare la fiammella; in caso contrario rischierai di incrinare l'armonia che desideri raggiungere.
- Sebbene la mente continuerà a vagare, non essere duro con te stesso.

Riporta il focus sulla candela in modo gentile e compassionevole.
Non sforzarti e smetti di praticare se senti dolori, mal di testa o tensioni improvvise.
• Mentre mantieni la concentrazione sull'oggetto prescelto, continua a respirare seguendo un ritmo costante. Basteranno pochi minuti di pratica e la tua visione periferica comincerà a svanire lentamente; maggiore sarà il grado di focus raggiunto, più ampio sarà lo sguardo con cui osserverai non soltanto la candela, ma anche il tuo corpo e la tua mente. Quando l'ambiente inizierà a smarrire forme, colori e dettagli, rimani concentrato e non aver paura: apri il tuo cuore e godi di un momento di contemplazione profondo e benefico.
Mi chiederai: "quale candela posso usare per sperimentare i benefici summenzionati?" Non ti nascondo che molti prodotti di fascia economica medio-bassa sono realizzati con ingredienti dannosi per la tua salute.

In ogni caso, non è raro imbattersi in marchi "famosi" che contengono additivi potenzialmente nocivi in fase di combustione.
Voglio dunque riassumere i materiali che compongono la maggior parte delle candele attualmente in commercio e fornirti la mia personale esperienza in merito.
Cominciamo!

La cera
Ovvero la base della candela - è realizzata in paraffina, soia o cera d'api.
Sebbene la prima sia senza dubbio la più comune ed economica, ti sconsiglio di meditare a contatto con sostanze chimiche.
La paraffina può infatti rilasciare tossine, causare allergie e bruciare molto più rapidamente delle varianti naturali e green. Se poi sei un amante dell'ecosostenibilità proprio come me, sappi che l'ingrediente in questione non è rinnovabile (e dunque inquina in misura maggiore).
La soia è ovviamente ricavata dall'omonima pianta.
Tra le sue caratteristiche di spicco è importante ricordare che: è un prodotto vegano/cruelty free, brucia senza rilasciare fuliggine, è 100% biodegradabile e non tossica.
La cera d'api è molto simile alla precedente con la sola differenza di non essere vegana; inoltre, la sua temperatura di fusione assicura una durata della fiamma superiore rispetto a quello delle candele realizzate in altri materiali.
Lo stoppino è un elemento molto spesso sottovalutato: se sei alla ricerca di una candela che abbia una buona durevolezza, ti consiglio di acquistare un modello dotato di materiale che non produce fuliggine.
Via libera al cotone "naturale": la fibra in questione è senza dubbio la migliore purché non sia stata trattata chimicamente. Scoprirlo è molto semplice: sarà sufficiente analizzare il colore dello stoppino; se il bianco è estremamente candido e brillante, è molto probabile che siano stati aggiunti additivi chimici che rischiano di danneggiare la tua esperienza meditativa.

Puoi inoltre provare le varianti in canapa o legno (il cui rumore bianco è molto simile a quello dei ciocchi che bruciano nel caminetto). Non sottovalutare l'importanza di un aiuto sonoro extra!

Infine, concentrati sulle fragranze: le candele profumate sono perfette per aumentare il grado di rilassamento fisico e mentale.
L'olfatto è un senso che merita di essere stimolato così come la vista, per cui ti suggerisco di sperimentare in prima persona i benefici esclusivi dell'aromaterapia.
Potrei scrivere capitoli interi su questo argomento, ma voglio semplicemente consigliarti alcune profumazioni che il nostro cervello percepisce come "liete" e benefiche. Tra le tante:

- Il gelsomino: questo aroma soave e floreale consente di migliorare sensibilmente il tono dell'umore e favorisce l'abbandono delle preoccupazioni personali.

Il gelsomino vanta una lunga tradizione asiatica: è stato per secoli un rimedio naturale contro la depressione e i forti stati d'ansia.
Di conseguenza, acquistare una candela profumata ti permetterà di fare esperienza dei benefici rilassanti e distensivi di un aroma che assicura un ottimo grado di calma.

- L'incenso: credo che la meditazione con l'incenso sia una tra le esperienze più rilassanti che io abbia mai provato. L'olio ha forti proprietà benefiche e il sentore legnoso che si disperde nell'atmosfera è senza dubbio un fedele alleato per favorire la concentrazione.

Il mio suggerimento è di sperimentare la Mindfulness con l'incenso, estratto dagli alberi di "boswellia sacra", se non lo sapessi, nel corso della routine mattutina.
Mantieni il focus sul Qui ed Ora e persegui uno stato di calma interiore in accordo ai principi del trataka.

- La lavanda: un altro grande classico di cui difficilmente posso fare a meno.

I fiori di questa pianta sono tra i più popolari nella produzione di candele profumate, per cui sarà semplice reperire il tuo "personale segreto di concentrazione" aromatizzato.

Ti ricordo inoltre che tantissimi studi hanno dimostrato quanto la lavanda sia in grado di allievare i sintomi connessi a stress o forme di lieve depressione.
Il mio suggerimento è quello di accendere la tua candela profumata nel corso della Mindfulness serale: accompagnala a una sessione di Body Scan quando sei già coricato a letto.
I benefici non tarderanno ad arrivare e al mattino ti sentirai senza dubbio più riposato!

Non Essere Negativo

Per smettere di avere paura, di pensare al peggio, di riempirsi la testa di idee negative che non fanno altro che buttarci giù, basta agire.
Chi agisce non ha tempo di stare a pensare alle cose che potrebbero succedere.
Non fatevi troppe domande, buttatevi.
Vedrete che in questo modo assumerete più coraggio e sicurezza in voi stessi.
Il più è iniziare, una volta lanciati, nessuno vi potrà più fermare.
La prima azione porterà come conseguenza tutte le altre, sarà una reazione a catena.
Il coraggio non arriva certo stando immobili a non fare niente, arriva provandoci, soltanto provandoci avrete l'ispirazione per continuare.
Passare il tempo a lamentarvi non vi aiuterà di certo, le cose non si cambiano da sole.
Tutto il tempo sprecato in lamentele può essere usato in azioni concrete.
Spesso gli esseri umani, anziché trovare una soluzione ai loro problemi, preferiscono starsene a cercare a tutti i costi un colpevole, una ragione per cui le cose vanno storte.
Ma questo non serve a niente, non vi aiuterà a sistemare le cose, soltanto le vostre azioni possono cambiare il corso degli eventi e sistemare tutto.
Inoltre, non è sempre colpa degli altri, il grosso di ciò che ci capita dipende dalle nostre azioni.
Il destino di solito ha una cornice ben definita, ma ciò che ci mettiamo dentro dipende da noi.
Ecco perché non ha senso trovare colpevoli o ragioni esterne, focalizzatevi su voi stessi e su cosa potete fare voi.
La capacità di agire e la consapevolezza che potete farlo vi renderà più indipendenti.
La sicurezza in voi aumenta la vostra indipendenza e la vostra capacità di cavarvela di fronte a qualunque situazione.
E quindi, aumenta la vostra autostima.
Non procrastinate.
Più aspettate, più tempo avrete per pensare, e più pensate, più cresceranno in voi paure e dubbi.
I risultati sono sempre stati ottenuti tramite azioni, non tramite attese, nessuna opportunità o successo viene a bussarvi alla porta.

Non avere paura di rischiare
Per poter agire bisogna innanzitutto non avere paura, in particolare di rischiare.
Qualsiasi azione inevitabilmente comporta qualche rischio, perché significa buttarsi, uscire dalla propria zona di comfort, fare un cambiamento.
Può andare bene o anche andare male, è un'incognita.
Ma è molto meglio agire che non fare niente.
"Chi non rischia non vince" recita un detto, ed è vero.
A non rischiare sicuramente non ci si fa male, non si cade, ma allo stesso tempo si rimane inerti, senza ottenere nulla.
Semplicemente non si vive.

E un sacco di gente rimane immobile senza nemmeno sapere cosa significa vivere veramente, la vera vita è sapersi anche assumere qualche rischio.

Se non rischiate ogni tanto, uscendo dalla zona di comfort, uscendo dalle abitudini che ormai conoscete a memoria, non arriverete mai ad un miglioramento perché non imparerete mai niente di nuovo, dovete rischiare se volete crescere.

Pensate a quanto migliorerà la vostra autostima sapendo di essere riusciti ad affrontare una situazione di rischio, di incognita, sapendo di aver imparato qualcosa e di essere di conseguenza più forti.

Abbiamo detto in precedenza che sono l'ispirazione, la motivazione, gli scopi che ci prefissiamo a tenerci in vita e, di conseguenza, a garantire autostima verso noi stessi.

Senza degli obiettivi da raggiungere come potete pretendere di essere fieri di voi stessi? Ma porsi degli obiettivi significa anche assumersi qualche rischio, come il rischio di fallire.

Fa parte del gioco, non abbiate paura di osare.

Assumere maggiore coraggio significa anche non avere paura di affrontare le situazioni che vi causano disagio.

Purtroppo non ci si può nascondere per sempre, prima o poi dovrete affrontare anche ciò che più vi fa paura.

E sarà proprio affrontando queste cose che assumerete maggiore consapevolezza su quanto potete essere forti.

Si assume molta più autostima vincendo le proprie paure e superando le situazioni di crisi, piuttosto che recitando a memoria una parte che conoscete già, stando chiusi nella vostra quotidianità.

Basta partire per gradi, con calma, non dovete affrontare tutto subito correre vi renderà solo più nervosi e più tesi.

Fate un bel respiro e pensate alle cose che vi mettono a disagio, e magari partite con l'affrontare quella meno impegnativa.

Se riuscite con quella, vedrete che dentro di voi partirà il famoso effetto a catena a cui abbiamo già accennato in precedenza e vi crescerà dentro il coraggio per affrontare anche tutte le altre situazioni.

L'importante è agire, cominciare.

Quando vi buttate in una nuova esperienza o in un compito difficile, anziché focalizzare voi stessi sul rischio che correte e sulle eventuali problematiche o paure, concentratevi piuttosto sull'opportunità che avete, sulle porte che vi state aprendo, sulle nuove possibilità che vi si pongono davanti.

Riuscirete ad affrontare la cosa più serenamente e soprattutto con più spinta.

È la regola di affrontare le cose con positività piuttosto che con ansia, come abbiamo già descritto in precedenza.

Lo stesso principio secondo il quale piuttosto che concentrarsi sul problema, dovete concentrarvi sulle possibili soluzioni. Così si affrontano le paure.

Rimanete sempre focalizzati sui vostri obiettivi, ricordatevi che è dove concentrate la vostra attenzione il punto in cui scorre maggiore energia e quindi il punto centrale di tutta la vostra possibile forza.

Gestire i propri errori

Chi agisce e si lancia nelle imprese, inevitabilmente, almeno una volta fallirà.
È impossibile non sbagliare mai, errare è umano si dice.
Chi non sbaglia è perché non fa niente, infatti il punto non è non sbagliare mai ma reagire agli errori, saperli gestire.
Gli errori fanno parte di noi e, soprattutto, dagli errori si impara.
Ogni errore commesso è una lezione di vita quindi, in un certo senso, più errori fate, più cose imparate.
Ecco perché dovete imparare a vedere i vostri errori come qualcosa di positivo.
Il valore di una persona non si misura contando quanti fallimenti ha avuto, ma per come ha reagito ad essi, per la sua capacità di rialzarsi.
I fallimenti possono aiutarvi a migliorare la vostra autostima e la vostra fiducia in voi stessi, se imparate da essi.
Innanzitutto, non tutti i fallimenti vengono per nuocere ma molte volte da un fallimento deriva poi una situazione positiva, quando anche il destino gioca le sue carte.
Ad esempio, se fate un test d'ingresso per una facoltà all'università o un provino per qualche attività e non ha esito positivo, non vedetela solamente come un fallimento e la fine delle vostre possibilità.
Può darsi che siate destinati a qualcos'altro, qualcosa di migliore, qualcosa di più adatto a voi ecco perché è importante non arrendersi e continuare a provare, magari quella non era la volta buona ma deve ancora arrivare.
Se poi avrete successo da qualche altra parte, forse dopo molto tempo, guardando indietro sarete felici di non aver avuto fortuna la prima volta, perché non sareste dove siete adesso.
Le storie dei più grandi partono spesso da fallimenti o rifiuti. Albert Einstein rifiutato perché considerato per nulla intelligente, Marylin Monroe rifiutata perché considerata brutta e priva di talento, Walt Disney licenziato perché ritenuto privo di fantasia.
Eppure non si sono arresi e sono diventati dei grandi.
Non hanno lasciato che dei fallimenti o dei rifiuti abbattessero la loro autostima, hanno continuato ad avere fiducia in sé stessi e alla fine il successo è arrivato.
La stessa cosa può accadere a voi, ma solo se non vi arrendete di fronte al primo errore.
Fallire, per quanto doloroso sia, è necessario.
Nella vita purtroppo bisogna imparare a fare i conti anche con il dolore, o forse soprattutto con il dolore.
Perché avere un'autostima alta quando tutte le cose vanno bene è molto più facile che mantenerla quando qualcosa va male.
Se non avete a che fare con un fallimento o un dolore non potete dire con certezza di essere forti, perché non siete mai stati messi alla prova realmente.
Le lezioni più importanti derivano tutte dai fallimenti o dalle esperienze andate male.
Non negate i vostri errori perché è la maniera più sbagliata per affrontarli.
Non sono qualcosa da dimenticare, se li considerate in questo modo allora sarà stato del tutto inutile commetterli perché non ne ricaverete niente, non imparerete niente da essi.

53

Rischierete anche di commetterli nuovamente, allo stesso modo.
Accettateli, non vergognatevi di essi, non nascondeteli sotto al tappeto.
L'essere umano, per quanto voglia dimostrare il contrario, è un essere imperfetto ed è una condizione che non si può cambiare, bisogna convivere con essa e quindi convivere con successi e fallimenti in egual modo.
Perdonate i vostri errori, non sono per forza catastrofi irrimediabili ed andare addosso a voi stessi, punirvi eccessivamente non vi aiuterà, non farà altro che abbassare la vostra autostima drasticamente.
Ecco perché non ho mai ritenuto le punizioni eccessive un buon metodo contro gli errori.
Piuttosto che una punizione, bisognerebbe cercare la lezione e l'insegnamento dall'errore e metterlo in pratica per il futuro.
Non rimuginate troppo su un'azione passata, non rimanete aggrappati al passato, esso deve servire solo come insegnamento per non ripetere lo stesso errore.
Non va analizzato eccessivamente e con disperazione, va solo riguardato per farsi un esame di coscienza e vedere cosa si può migliorare per il futuro.

Mai arrendersi
Se saprete gestire i vostri errori, allora saprete anche che non dovete mai arrendervi nonostante essi.
Non smettete mai di provare, non pensate sia finita solo al primo tentativo, continuate a lottare per ciò che desiderate davvero.
Le cose non si ottengono senza fare un po' di fatica, soprattutto le cose per cui vale di più la pena.
Più una cosa ha valore, più sarà difficile ottenerla e, se non si ha una certa tenacia, sarà molto difficile realizzare il proprio scopo.
Una delle regole fondamentali per avere un'autostima alta è non darsi mai per vinti, non arrendersi mai.
Al mondo ci sarà sempre chi ci criticherà, chi vorrà farci andare a fondo, chi vorrà pestare i nostri piedi.
Non arrendiamoci. Non diamogliela vinta. Mai diventare lo zerbino di qualcuno, mai fargli capire di essere deboli e fargli credere che può influenzarci e fare di noi ciò che vuole.
Siate forti, non fatevi abbattere da chi vuole mettervi fuori gioco, probabilmente lo fa perché vi teme.
Dategli una ragione per temervi, dunque.
Spesso la bassa autostima è data soltanto dal fatto di essere circondati da pessime persone ed è a causa loro che è bassa.
Non accontentatevi. Chi si accontenta, si spegne lentamente. Nella vita non si è mai arrivati del tutto, bisogna sempre cercare nuovi stimoli e nuove ispirazioni, altrimenti si interrompe la crescita personale e non si vive più con entusiasmo.
Siate assetati di conoscenza, ideate nuovi progetti, nuove idee.
Raggiunto un obiettivo, realizzato un sogno, trovatene un altro, leggete nuovi libri, studiate cose nuove, provate qualche nuova esperienza, allargate i vostri orizzonti.

C'è sempre qualcosa di nuovo da scoprire. Non accontentatevi della mediocrità, puntate in alto.
Superate i brutti momenti, non lasciate che vi rovinino l'intera esistenza.
Le cose brutte capitano ma, come recitava un detto, "E' solo una brutta giornata, non una brutta vita".
Rialzatevi, reagite alle disgrazie ci vorrà tempo, sarà dura, ma il sole tornerà a splendere e ritroverete il sorriso.
C'è sempre una ragione per trovare un po' di felicità se non ci si arrende.
Per evitare di rimanere delusi bisogna fare un appunto sul significato di non arrendersi.
Significa non mollare di fronte agli ostacoli della vita e fare di tutto per realizzare i propri sogni, ma dovete comunque essere in grado di riconoscere le cause perse.
Nel senso che dovete sapere quando fermarvi.
Se ad esempio una persona vuole interrompere una relazione con voi, non ha senso insistere e costringerla.
Oltre a farvi soffrire, il suo continuo rifiuto abbasserà la vostra autostima perché sarebbe solo umiliante.
Allo stesso modo, è bene non porsi obiettivi irrealizzabili, altrimenti è ovvio che non saranno raggiunti e rimarrete delusi.
Sembra scontato da dire, ma molta gente è delusa dalla vita perché ha aspettative troppo alte.
A volte purtroppo occorre abbassare un po' il tiro, ciò non vuol dire accontentarsi, vuol dire solo essere più consapevoli dei propri propositi e desideri.

Sviluppare le proprie capacità
A seconda dei valori più importanti per noi, di conseguenza possiamo sviluppare le nostre migliori capacità.
Dunque, trovati i vostri valori, dedicatevi alle vostre capacità. Per esempio, se il vostro valore è la carriera, di conseguenza svilupperete capacità lavorative avanzate e degne di nota per poter avanzare sempre di più e formarvi una carriera lavorativa significativa.
Se il vostro valore è lo studio, dedicherete la vostra vita a quello e diventerete ricercatori, e così via.
Il mondo è pieno di capacità diverse e tutte servono allo stesso modo, basta trovare le proprie.
Le nostre capacità sono ciò in cui siamo eccellenti, ciò di cui andiamo fieri, ciò che ci riesce meglio.
Sono ciò che aumenta la nostra autostima perché ci fanno sentire bravi, ci fanno sentire utili, ci garantiscono uno scopo e un posto nel mondo.
Ci definiscono, dicono chi siamo, cosa ci piace, cosa sappiamo fare meglio.
Sono una parte fondamentale di noi e se impostiamo la vita seguendole, saremo più soddisfatti e più felici.
Chiaramente nella vita non si può essere bravi in tutto e ciò in cui non siamo bravi ci fa sentire dei falliti a volte, abbassando la nostra autostima.
Ecco perché bisognerebbe cercare di vivere e prendere decisioni in base a ciò che invece sappiamo fare bene e ci piace. Ecco perché possiamo dire che le nostre

capacità derivano anche dalle nostre passioni, o spesso si può dire che le due coincidano.
Da ogni passione derivano delle capacità.
Ad esempio, se la vostra passione è l'arte, sarete molto bravi nel campo, saprete disegnare bene, potreste diventare artisti. Di conseguenza dovreste concentrarvi su questa passione e sviluppare al massimo le capacità che ne derivano, non ha senso per cui andare a studiare qualcosa di completamente diverso come chimica.
Vi renderebbe infelici oltre che insicuri.
Studiare qualcosa che non capiamo, per cui non siamo portati, o lavorare in un campo che non ci appartiene, non fa altro che farci sentire incapaci e inutili.
Ci sentiamo buoni a nulla quando invece abbiamo semplicemente scelto qualcosa di sbagliato per noi.
È fondamentale riconoscere le nostre capacità per poter agire secondo esse, e per poterci sentire fieri di noi stessi per ciò che siamo e ciò che facciamo.

Essere sé stessi
Esprimendo i nostri valori e seguendo le nostre capacità potremo esprimere noi stessi, essere noi stessi.
Nella vita è fondamentale poter essere sé stessi per perseguire la vera felicità.
Nessuno può essere realmente felice se è costretto ad essere qualcosa che non è.
Sopprimere il nostro vero io ci porta alla sofferenza.

Vi è mai capitato di trovarvi in un posto, con delle persone, e niente sembrava essere al caso vostro? Non vi piaceva il posto, non vi piaceva la compagnia, vi sentivate estremamente a disagio perché non trovavate argomenti di conversazione.
Di conseguenza vi sentivate con l'autostima a terra perché non avevate niente in comune con nessuno e vi sentivate come degli stupidi.
Questa è la sensazione che deriva quando non ci è concesso essere noi stessi, quando dobbiamo fingere perché siamo circondati da chi non ci capisce ed è diverso da noi.
Dunque il primo passo è evitare questo tipo di situazioni. Evitate di frequentare persone troppo diverse da voi, persone con le quali dovreste fingere di essere chi non siete, solo per piacergli o per farvi accettare.
Sarebbero amici inutili e non stareste nemmeno bene quando uscite.
Vi giudicherebbero non appena fareste qualcosa di un po' diverso da quello che si aspettano e i loro giudizi vi appesantirebbero.
Qualcuno potrebbe pure riuscire ad abbattervi e farvi sentire inferiori.
Frequentate persone come voi, persone con le quali potete parlare tranquillamente e potete esprimere voi stessi, le vostre vere passioni, ridere di gusto senza dover fingere.
Seguite il vostro percorso, ciò per cui siete nati.
Non iscrivetevi ad una facoltà universitaria perché lo vuole qualcun altro, dovete seguire il percorso che più vi si addice, che vi fa felici e vi riempie di passione.
Soltanto nel nostro campo d'azione possiamo veramente brillare.
Scrivete voi il vostro percorso, non lasciate che sia qualcun altro a deciderlo per voi.

Finireste per ritrovarvi a fare qualcosa che non apprezzate e quindi vi sentireste per sempre incapaci.
Studiate ciò che amate senza avere troppa paura, senza pensarci troppo.
Vi piace l'arte? Allora buttatevi nel campo dell'arte, senza chiedervi dove vi porterà, se avrete successo.
Fatelo e basta perché comunque andrà, avrete utilizzato il vostro tempo per fare ciò che amate quindi non sarà mai tempo sprecato.
Il vero tempo sprecato è quello usato in cose che ci causano solo sofferenza.
Non nascondetevi.
Siate fieri di chi siete, mostrate con orgoglio i vostri successi senza necessariamente nascondere i vostri fallimenti. L'insieme delle due vi ha resi chi siete oggi, quindi non ha senso rinnegare una parte di voi.
Se qualcuno vi giudica, non ascoltatelo. Ascoltate solo le critiche costruttive e non i giudizi di chi è invidioso di voi e vuole vedervi cadere.
Fateci caso, c'è molta differenza tra i giudizi dati dai nostri cari, che sono quasi sempre da intendersi come consigli per migliorarci, e le osservazioni di gente che non è in stretto legame con noi, che suonano quasi sempre con amaro risentimento.
Inoltre, è molto più importante quello che noi pensiamo di noi stessi di quello che pensano gli altri.
Quello che pensiamo di noi stessi determina chi siamo, quello che pensano gli altri è un problema loro.
D'altronde entrate anche nell'ottica che comunque non si può piacere a tutti, non vergognatevi di mostrare i vostri gusti e i vostri interessi.
Uno degli errori più grossi di chi ha scarsa autostima è nascondere chi è veramente perché si vergogna.
Ad esempio non mette gli abiti che vorrebbe perché ha paura che gli altri li considerino ridicoli, o nasconde i suoi veri gusti musicali perché ha paura di essere ritenuto strano, o ancora nasconde i suoi veri interessi perché ha paura di essere giudicato in base a quelli.
Ma questo è sbagliato e non vi aiuta certo a stare bene con voi stessi, anche perché se indossate abiti che non fanno per voi o parlate di argomenti di cui non sapete nulla o che non vi interessano, non sarete certo a vostro agio, e il non essere a proprio agio vi rende più ridicoli e strani di quanto non sembrereste ad essere voi stessi.
Perciò, scegliete di essere voi stessi, di mostrarvi per ciò che siete davvero, e non vergognatevi.
La sicurezza in sé stessi rende forti e non è mai ridicola da vedere, anzi, al contrario, è la cosa più bella che ci sia da vedere.
Una frase di Henry Wadsworth Longfellow recita: "Chi stima sé stesso è al sicuro dagli altri; indossa una corazza che nessuno può penetrare." Proprio così.
Diventerete invincibili ad essere voi stessi.
affrontarle meglio.

Guarisci I Tuoi Traumi

Lasciamolo dire: a volte ci crogioliamo nelle nostre paure o fobie.
Non per forza per giustificare eventi di natura considerevole come dei traumi, ma anche in quei momenti di debolezza che consideriamo troppo persistenti e invadenti.
Ci sono quindi delle distinzioni da fare: per capire come migliorare sé stessi è importante superare anche queste paure e saperle combattere è il primo passo verso la vittoria.
Analizziamo principalmente i veri traumi, quindi quando c è una vera motivazione del problema.
Quando accadono cose brutte, può volerci un po' per superare il dolore e sentirsi di nuovo al sicuro.
Ma con queste strategie e supporto di auto-aiuto, puoi accelerare il tuo recupero.
Il trauma psicologico può lasciarti alle prese con emozioni, ricordi e ansia sconvolgenti che non andranno via.
Può anche farti sentire insensibile, disconnesso e incapace di fidarti delle altre persone.
Più ti senti spaventato e impotente, più è probabile che tu rimanga traumatizzato.
Il trauma emotivo e psicologico può essere causato da:

- Eventi occasionali, come un incidente, un infortunio o un attacco violento, soprattutto se è stato inaspettato o è avvenuto durante l'infanzia.
- Stress continuo e inarrestabile, come vivere in un quartiere pieno di criminalità, combattere una malattia potenzialmente letale o sperimentare eventi traumatici che si verificano ripetutamente, come bullismo, violenza domestica o abbandono infantile.
- Cause comunemente trascurate, come la chirurgia (soprattutto nei primi 3 anni di vita), la morte improvvisa di qualcuno vicino, la rottura di una relazione significativa o un'esperienza umiliante o profondamente deludente, soprattutto se qualcuno è stato deliberatamente crudele.
- Affrontare il trauma di un disastro naturale o provocato dall'uomo può presentare sfide uniche, anche se non sei stato direttamente coinvolto nell'evento.

Infatti, sebbene sia altamente improbabile che qualcuno di noi sarà mai la vittima diretta di un attacco terroristico, un incidente aereo o una sparatoria di massa, ad esempio, siamo tutti regolarmente bombardati da immagini orribili sui social media e fonti di notizie di quelle persone che sono stato. Qualunque sia la causa del tuo trauma, e sia che sia successo anni fa o ieri, puoi apportare cambiamenti di guarigione e andare avanti con la tua vita.

Trauma infantile e rischio di traumi futuri
Sebbene gli eventi traumatici possano accadere a chiunque, è più probabile che tu rimanga traumatizzato da un evento se sei già sotto un forte carico di stress, hai recentemente subito una serie di perdite o sei stato traumatizzato in precedenza, specialmente se si è verificato il precedente durante l'infanzia. Il trauma infantile può derivare da tutto ciò che interrompe il senso di sicurezza di un bambino, tra cui:

- Un ambiente instabile o pericoloso
- Separazione da un genitore
- Malattia grave
- Procedure mediche intrusive
- Abuso sessuale, fisico o verbale
- Violenza domestica
- Trascurare

Vivere un trauma durante l'infanzia può provocare un effetto grave e duraturo.
Quando il trauma infantile non viene risolto, un senso di paura e impotenza si trasmette all'età adulta, ponendo le basi per ulteriori traumi. Tuttavia, anche se il tuo trauma è accaduto molti anni fa, ci sono dei passaggi che puoi fare per superare il dolore, imparare a fidarti e connettersi di nuovo agli altri e ritrovare il tuo senso di equilibrio emotivo.

Sintomi di trauma psicologico
Tutti reagiamo al trauma in modi diversi, sperimentando un'ampia gamma di reazioni fisiche ed emotive.
Non esiste un modo "giusto" o "sbagliato" di pensare, sentire o rispondere, quindi non giudicare le tue reazioni o quelle di altre persone.
Sintomi fisici:
- Insonnia o incubi
- Fatica
- Essere sorpreso facilmente
- Difficoltà a concentrarsi
- Battito cardiaco da corsa
- Irritazione e agitazione
- Dolori e dolori
- Tensione muscolare
- Guarigione da un trauma

Se i sintomi del tuo trauma psicologico non si attenuano, o se peggiorano ancora, e ti accorgi di non essere in grado di superare l'evento per un periodo di tempo prolungato, potresti soffrire di Disturbo Post-Traumatico da Stress (PTSD). Mentre il trauma emotivo è una normale risposta a un evento disturbante, diventa PTSD quando il tuo sistema nervoso si "blocca" e rimani sotto shock psicologico, incapace di dare un senso a ciò che è successo o di elaborare le tue emozioni.
Che un evento traumatico coinvolga o meno la morte, tu come sopravvissuto devi far fronte alla perdita, almeno temporaneamente, del tuo senso di sicurezza.
La reazione naturale a questa perdita è il dolore.
Come le persone che hanno perso una persona cara, devi affrontare un processo di lutto.
I seguenti suggerimenti possono aiutarti ad affrontare il senso di dolore, a guarire dal trauma e ad andare avanti con la tua vita.

Suggerimento 1 per il recupero del trauma: muoviti
Il trauma interrompe il naturale equilibrio del tuo corpo, congelandoti in uno stato di ipereccitazione e paura.

Oltre a bruciare l'adrenalina e rilasciare endorfine, l'esercizio e il movimento possono effettivamente aiutare a riparare il tuo sistema nervoso.
Prova a fare esercizio per 30 minuti o più quasi tutti i giorni. Oppure, se è più facile, tre scatti di 10 minuti di esercizio al giorno sono altrettanto buoni.
L'esercizio che è ritmico e coinvolge sia le braccia che le gambe, come camminare, correre, nuotare, giocare a basket o persino ballare, funziona meglio.
Aggiungi un elemento di consapevolezza.
Invece di concentrarti sui tuoi pensieri o distrarti mentre ti alleni, concentrati davvero sul tuo corpo e su come ci si sente mentre ti muovi.
L'arrampicata su roccia, la boxe, l'allenamento con i pesi o le arti marziali possono renderlo più facile: dopo tutto, è necessario concentrarsi sui movimenti del corpo durante queste attività per evitare lesioni.

Suggerimento 2: non isolarti
Chiedi supporto.
Anche se non devi parlare del trauma in sé, è importante che tu abbia qualcuno con cui condividere i tuoi sentimenti faccia a faccia, qualcuno che ascolti attentamente senza giudicarti. Rivolgiti a un familiare, un amico, un consigliere o un ecclesiastico di fiducia.
Partecipa alle attività sociali, anche se non ne hai voglia. Fai attività "normali" con altre persone, attività che non hanno nulla a che fare con l'esperienza traumatica.
Riconnettiti con vecchi amici.
Se ti sei ritirato dalle relazioni che una volta erano importanti per te, sforzati di riconnetterti.
Unisciti a un gruppo di supporto per sopravvissuti a traumi. Entrare in contatto con altri che stanno affrontando gli stessi problemi può aiutarti a ridurre il tuo senso di isolamento e ascoltare come gli altri affrontano la situazione può aiutarti a ispirarti nella tua guarigione.
Farti nuovi amici può aiutarti.
Se vivi da solo o lontano dalla famiglia e dagli amici, è importante entrare in contatto e fare nuove amicizie.
Segui un corso o unisciti a un club per incontrare persone con interessi simili, entrare in contatto con un'associazione di ex allievi o contattare i vicini o i colleghi di lavoro.

Se connettersi ad altri è difficile ...
Molte persone che hanno subito un trauma si sentono disconnesse, ritirate e trovano difficile entrare in contatto con altre persone.
Se questo ti descrive, ci sono alcune azioni che puoi intraprendere prima del prossimo incontro con un amico:
- Fai esercizio o muoviti.

Salta su e giù, fai oscillare le braccia e le gambe o semplicemente agitalo.
La tua testa sarà più chiara e troverai più facile connettersi.
- Tonificazione vocale.

Per quanto strano possa sembrare, il tono vocale è un ottimo modo per aprirsi all'impegno sociale.
Siediti con la schiena dritta e fai semplicemente meditazione. Modifica il tono e il volume finché non senti una piacevole vibrazione sul tuo viso.

Suggerimento 3: autoregola il tuo sistema nervoso
Non solo aiuterà ad alleviare l'ansia associata al trauma, ma genererà anche un maggiore senso di controllo.
Respirazione consapevole.
Se ti senti disorientato, confuso o turbato, praticare la respirazione consapevole è un modo rapido per calmarti.
Fai semplicemente 60 respiri, concentrando la tua attenzione su ogni espirazione.
Input sensoriale. Una vista, un odore o un gusto specifici ti fanno sentire rapidamente calmo? O forse accarezzare un animale o ascoltare musica per calmarti rapidamente? Ognuno risponde agli input sensoriali in modo leggermente diverso, quindi sperimenta diverse tecniche di alleviare lo stress rapido per trovare ciò che funziona meglio per te.

Suggerimento 4: prenditi cura della tua salute
È vero: avere un corpo sano può aumentare la capacità di affrontare lo stress del trauma.
Dormi molto.
Dopo un'esperienza traumatica, la preoccupazione o la paura possono disturbare i tuoi schemi di sonno.
Ma una mancanza di sonno di qualità può esacerbare i sintomi del trauma e rendere più difficile mantenere il tuo equilibrio emotivo.
Vai a dormire e alzati alla stessa ora ogni giorno e cerca di dormire dalle 7 alle 9 ore ogni notte.
Evita alcol e droghe.
Il loro uso può peggiorare i sintomi del trauma e aumentare i sentimenti di depressione, ansia e isolamento.
Segui una dieta equilibrata.
Mangiare pasti piccoli ed equilibrati durante la giornata ti aiuterà a mantenere alta la tua energia e ridurre al minimo gli sbalzi d'umore.
Evita i cibi zuccherati e fritti e mangia molti grassi omega-3, come salmone, noci, semi di soia e semi di lino, per dare una spinta al tuo umore.
Riduce lo stress.
Prova tecniche di rilassamento come meditazione, yoga o esercizi di respirazione profonda.
Programma del tempo per attività che ti portano gioia, come i tuoi hobby preferiti.
Quando cercare una terapia professionale per il trauma
Il recupero da un trauma richiede tempo e ognuno guarisce al proprio ritmo.
Ma se sono passati mesi e i tuoi sintomi non diminuiscono, potresti aver bisogno dell'aiuto professionale di un esperto di traumi.
Cerca aiuto in caso di trauma se:
- Problemi di funzionamento a casa o al lavoro

- Soffre di grave paura, ansia o depressione
- Incapace di formare relazioni strette e soddisfacenti
- Sperimentare ricordi, incubi o flashback terrificanti
- Evitando sempre di più tutto ciò che ti ricorda il trauma
- Emotivamente insensibile e disconnesso dagli altri
- Usare alcol o droghe per sentirsi meglio

Lavorare attraverso il trauma può essere spaventoso, doloroso e potenzialmente ri-traumatizzante, quindi questo lavoro di guarigione è meglio intrapreso con l'aiuto di uno specialista esperto di traumi.

Trovare il terapista giusto può richiedere del tempo. È molto importante che il terapista che scegli abbia esperienza nel trattamento dei traumi.

Ma la qualità del rapporto con il tuo terapeuta è altrettanto importante.

Scegli uno specialista in traumatologia con cui ti senti a tuo agio.

Se non ti senti al sicuro, rispettato o capito, trova un altro terapista.

Chiedilo a te stesso:
- Ti sei sentito a tuo agio nel discutere i tuoi problemi con il terapeuta?
- Ti è sembrato che il terapeuta avesse capito di cosa stavi parlando?
- Le tue preoccupazioni sono state prese sul serio o sono state ridotte al minimo o ignorate?
- Sei stato trattato con compassione e rispetto?
- Credi che potresti crescere fino a fidarti del terapeuta?

Trattamento per traumi

Per guarire da traumi psicologici ed emotivi, dovrai risolvere i sentimenti e i ricordi spiacevoli che hai a lungo evitato, scaricare l'energia repressa "combatti o fuggi", impara a regolare le emozioni forti e ricostruisci le tue capacità fidarsi di altre persone.

Uno specialista in traumi può utilizzare una varietà di approcci terapeutici diversi nel trattamento.

L'esperienza somatica si concentra sulle sensazioni corporee, piuttosto che sui pensieri e sui ricordi dell'evento traumatico. Concentrandoti su ciò che sta accadendo nel tuo corpo, puoi rilasciare l'energia repressa correlata al trauma attraverso agitazioni, pianti e altre forme di rilascio fisico.

La terapia cognitivo-comportamentale ti aiuta a elaborare e valutare i tuoi pensieri e sentimenti su un trauma.

EMDR (Eye Movement Desensitization and Reprocessing) incorpora elementi di terapia cognitivo-comportamentale con movimenti oculari o altre forme di stimolazione ritmica, sinistra-destra che possono "sbloccare" i ricordi traumatici.

Aiutare una persona cara ad affrontare un trauma

Quando una persona cara ha subito un trauma, il tuo sostegno può svolgere un ruolo cruciale nella sua guarigione.

Sii paziente e comprensivo.

La guarigione da un trauma richiede tempo.

Sii paziente con il ritmo del recupero e ricorda che la risposta di ognuno al trauma è diversa.

Offri supporto pratico per aiutare la persona amata a tornare alla normale routine.
Ciò può significare aiutare a raccogliere la spesa o fare i lavori domestici, ad esempio, o semplicemente essere disponibili a parlare o ascoltare.
Non spingere la persona amata a parlare, ma sii disponibile se vuole parlare.
Alcuni sopravvissuti a un trauma trovano difficile parlare di quello che è successo.
Non forzare la persona amata ad aprirsi, ma fagli sapere che sei lì per ascoltare se vuole parlare, o che sei disponibile a uscire se non lo fa.
Aiuta la persona amata a socializzare e rilassarsi.
Incoraggiali a fare esercizio fisico, cercare amici e dedicarsi a hobby e altre attività che gli procurano piacere.
Partecipate a un corso di fitness insieme o fissa un appuntamento regolare a pranzo con gli amici.
Non prendere personalmente i sintomi del trauma.
La persona amata può diventare arrabbiata, irritabile, introversa o emotivamente distante.
Ricorda che questo è il risultato del trauma e potrebbe non avere nulla a che fare con te o con la tua relazione.
Per aiutare un bambino a riprendersi da un trauma, è importante comunicare apertamente.
Fagli sapere che è normale sentirsi spaventato o turbato.
Tuo figlio potrebbe anche cercare spunti su come dovrebbe rispondere al trauma, quindi fagli vedere che affronti i sintomi in modo positivo.

Pensa Positivo

Il primo passo per raggiungere una filosofia di vita positiva è eliminare tutta la negatività dettata dai tre principali pensieri negativi che influenzano la nostra vita. Guardiamoli nel dettaglio.

Il pensiero della privazione
Quando sperimentiamo la privazione emotiva durante l'infanzia, questa sensazione di non essere abbastanza importanti o amabili può persistere nell'età adulta come una "mentalità di deprivazione".
Potremmo non sentirci mai come se avessimo abbastanza delle cose di cui abbiamo bisogno.
Questo senso di insicurezza può danneggiare le nostre relazioni intime.
Potremmo aspettarci che i nostri cari ci deludano, non esprimano mai direttamente i nostri bisogni o scelgano partner romantici che evitano l'intimità.
Sentirsi privati di risorse importanti come amore, cibo, denaro o tempo può portare ad ansia o rabbia.
Potremmo essere ossessionati dalla cosa di cui siamo privati. Oppure potremmo sentirci come se avessimo bisogno di operare in modalità di emergenza, pizzicando o pianificando ogni secondo delle nostre giornate.
Nuove teorie e ricerche sulla psicologia della scarsità forniscono alcune informazioni su come la percezione della scarsità abbia un impatto negativo sul nostro cervello e sul nostro comportamento.
In che modo la scarsità influisce sul nostro pensiero
Una mentalità di scarsità restringe il nostro lasso di tempo, inducendoci a prendere decisioni impulsive a breve termine che aumentano le nostre difficoltà a lungo termine, come rimandare il pagamento delle fatture della carta di credito o non aprire le buste, sperando che spariscano magicamente. Affrontare risorse estremamente limitate aumenta i problemi e le barriere che dobbiamo affrontare, con conseguente affaticamento mentale e sovraccarico cognitivo.
Altri studi dimostrano che essere soli o privati del cibo si traduce in un'ossessione malsana, un'iper concentrazione e una sopravvalutazione di ciò che non abbiamo.
Ironia della sorte, la natura stessa della scarsità impedisce i nostri sforzi di coping.

Scarsità e motivazione
Lo stress e l'ansia associati alla scarsità interferiscono con la motivazione, rendendoci più vulnerabili alla tentazione.
Noti come le persone acquistano cose di cui non hanno bisogno durante i saldi post-festivi quando hanno già speso la maggior parte dei loro soldi? Percependo la scarsità, non siamo in grado di resistere al super affare limitato nel tempo. Allo stesso modo, di crash diete ci rendono più propensi a mangiare binge-per non parlare degli effetti fisiologici della fame sul pensiero e le prestazioni.
Le persone sole vedono sé stesse e gli altri in modo più negativo e possono evitare in modo controproducente di partecipare a riunioni e attività di gruppo per paura di essere rifiutate.

Cosa fare
Quindi, come superare questa mentalità di scarsità senza diventare troppo compiacenti? Sebbene persone diverse possano trovarsi a proprio agio con diversi livelli di scarsità rispetto a mentalità di abbondanza, i seguenti suggerimenti possono aiutarti a sentirti meno privato.

Pratica la gratitudine
Concentra deliberatamente la tua mente su ciò che è buono nella tua vita, comprese le persone che ti supportano, il senso di comunità nel tuo vicinato, i tuoi risultati o il tuo esercizio fisico e uno stile di vita sano.
Questo può impedirti di ingrandire l'importanza di una risorsa scarsa come il tempo o il denaro.

Non confrontare te stesso con gli altri
Sarai sempre esposto a persone che hanno più tempo, denaro o beni e potrebbero provare un tocco di invidia.
Ma in realtà, non sai cosa vuol dire camminare nei panni di quella persona.
Come dice il proverbio, "Non confrontare il tuo interno con l'esterno di tutti gli altri".
Le tue lotte potrebbero aver creato punti di forza interiori che non apprezzi completamente.

Smetti di ossessionare
È facile rimanere invischiati in copioni mentali su tutte le decisioni sbagliate che hai preso o preoccuparti di "cosa succede se".
Rompere questi cicli richiede molto impegno e preparazione. Prepara un piano per quello che farai se ti sorprendi a rimuginare.
Alzarsi e attivarsi può attivare il lato sinistro del cervello, interrompendo il focus emotivo depressivo.
Quindi, fai una passeggiata, chiama un amico, metti in ordine il tuo armadio o leggi un libro.

Adotta misure preventive
Crea un elenco quando vai al supermercato o programma promemoria automatici di appuntamenti e depositi su conti di risparmio.
Non portare la tua carta di credito al centro commerciale, ma porta con te un amico frugale.
Metti i biscotti sul ripiano più alto o regalali prima di iniziare il tuo piano di vita sano.

Non essere avido
Quando le risorse sono scarse, le persone diventano competitive perché pensano che di più per qualcun altro significhi meno per te.
In effetti, quando aiuti qualcun altro a far crescere la sua attività, è più probabile che ti rivolga altri affari.

Essere d'aiuto agli altri può portare ad amicizie più profonde, guadagnare rispetto e reputazione, barattare creativo o fare alleati.

Il pensiero della sottrazione
Va da sé che i nostri pensieri positivi e negativi influenzano ogni singola cosa nella nostra vita.
Determinano ciò che proviamo su noi stessi, gli altri e il mondo e ciò che esprimiamo sulle nostre convinzioni, opinioni, valori e giudizi.
I pensieri sono formati da come percepiamo le cose, a seconda delle nostre esperienze, positive o negative, le nostre idee e atteggiamenti su tutto si basano su come non solo siamo influenzati da quelle esperienze, ma da come interpretiamo quelle esperienze.
Un esempio di questo potrebbe essere quando eri giovane e qualcuno, un insegnante, un fratello, un amico o persino un perfetto sconosciuto, ti ha detto o ti ha dato l'impressione che non fossi "abbastanza bravo" in qualcosa, che si tratti di cantare, ballare, scuola, basket o altro.
Fino a quando quella persona non te l'ha detto, o ti ha fatto sentire in quel modo, potresti non averlo pensato di te stesso, ma ora che il pensiero di qualcun altro si è fatto strada nella tua mente, incontrastato, lo hai accettato come vero.
A meno che tu non abbia avuto ragioni o prove per contestarlo diversamente, hai preso quella convinzione come tua.
Quel pensiero negativo rimarrà nella tua mente, anche se viene spinto nel tuo subconscio dove potresti non esserne consapevole, fino a quando qualcosa o qualcuno lo innesca e reagisci emotivamente senza sapere davvero perché.
Per comprendere meglio i nostri modelli di pensiero negativo, è importante sapere come funzionano.
Immagina che la nostra mente abbia due livelli, come una casa per esempio, con il piano principale che è la mente cosciente e il seminterrato è il subconscio.
Questa analogia ci permette di vedere come ci sono due parti della nostra mente, che lavorano insieme, esistenti "sotto lo stesso tetto": il conscio e il subconscio.
La parte cosciente della nostra mente è responsabile della logica e del ragionamento e di buona parte dei tuoi pensieri negativi.
Ad esempio, se ti viene chiesto di contare i piselli nel piatto, è la tua mente cosciente che lo sommerà.
La mente cosciente controlla anche le tue azioni volontarie, quindi quando decidi di muovere le braccia o le gambe, è la tua mente cosciente che ti dice di eseguire l'azione.
La parte subconscia della tua mente è responsabile di tutte le tue azioni involontarie.
Il tuo respiro e il battito cardiaco sono controllati dal tuo subconscio.
Non devi pensarci o dire al tuo cuore di battere perché lo fa da solo: è automatico.
Pensala come guidare una macchina.
Quando hai imparato a guidare per la prima volta, dovevi davvero concentrarti.
Ma più lo facevi, più ti sentivi familiare e a tuo agio sulla strada, e meno dovevi "pensare" a quello che dovevi fare.

È diventato automatico perché il tuo subconscio ha assorbito come guidare da te a livello cosciente.
Stavi alimentando le informazioni del tuo subconscio come, "Una luce rossa significa fermarsi.
Verde significa andare. " Una volta acquisita la capacità di guidare, non abbiamo più dovuto elaborare consapevolmente ciò che abbiamo fatto quando siamo arrivati al semaforo rosso; il nostro subconscio ha preso il sopravvento e la nostra reazione è stata automatica.
Le informazioni erano immagazzinate nella nostra memoria, il nostro subconscio, e troppo spesso le informazioni che immagazzina possono produrre pensieri negativi persistenti.
I pensieri positivi accadono naturalmente quando rimuovi le radici più profonde del pensiero negativo.
Insegniamo al nostro subconscio tutto ciò che sa, il che significa che gli forniamo costantemente informazioni, e questo non significa solo il modo corretto di guidare un'auto. Significa che gli forniamo anche informazioni che possono anche non essere positive o produttive per il nostro benessere. In altre parole, i nostri pensieri non sono così taglienti e asciutti come cosa fare a un semaforo rosso; cioè, potremmo non necessariamente pensare che ci stiamo dicendo cose che non vanno bene per noi quando pensiamo ed elaboriamo pensieri che sono invalidanti o dannosi, non più di quanto ci diremmo di accelerare attraverso un semaforo rosso.
Tuttavia, se crediamo che i nostri pensieri negativi siano veri senza sfidarli, corriamo il rischio di immagazzinarli nel nostro subconscio come la nostra realtà, siano essi veri e reali o meno, e questo può essere minaccioso o pericoloso per il nostro benessere pure.
Perché non dovremmo mettere la stessa cura e attenzione che mettiamo nell'imparare a guidare un'auto come facciamo in ciò che diciamo a noi stessi? È imperativo sfidare i nostri pensieri negativi non appena si presentano nella nostra mente conscia per catturarli e sfidarli prima che vengano immagazzinati nel nostro subconscio come credenze.
È anche importante notare che mentre la mente subconscia è il seminterrato/area di immagazzinamento per i nostri pensieri, è anche responsabile dei sentimenti e delle emozioni innescate automaticamente che proviamo improvvisamente affrontando ogni situazione.
Fino a quando non sappiamo quali pensieri negativi la nostra mente conscia sta dicendo al nostro subconscio, non abbiamo il controllo di ciò che pensiamo di essere, il che può influenzare ogni decisione che prendiamo, ogni desiderio che abbiamo, ogni obiettivo che vogliamo realizzare.
Più che facilitare i nostri sentimenti, che determinano le nostre azioni, il conscio e il subconscio sono i nostri interi pensieri combinati, che è una combinazione piuttosto potente.

Il primo passo. Riconoscere:
Riconoscere la sua esistenza, anche se è sconvolgente.
Non negarlo o cercare di respingerlo.

Questo ti permette di riconoscere che stai avendo un pensiero negativo e ammettere a te stesso che sta accadendo.
Questo ti mantiene nel momento presente.
Essere nel momento presente è importante perché ti permette di concentrarti su ciò che sta accadendo nell' "ora", che è reale, invece dell'emozione che circonda il pensiero.
Fare questo ti aiuterà a metterti in modalità osservatore, invece che in modalità reattiva.

Modalità osservatore:
osservare il tuo pensiero significa che lo stai ascoltando come un testimone.
Questo ti consente di separarti dal tuo pensiero negativo e di esserne indipendente.
In questo modo non stai reagendo ad esso o hai che influenza il tuo stato d'animo in alcun modo, ma ne sei semplicemente consapevole.

Modalità reattiva:
essere reattivi è l'opposto dell'osservare.
La modalità reattiva significa che stai rispondendo al tuo pensiero negativo rapidamente senza riconoscerlo o osservarlo.
Quando sei in questo stato d'animo non puoi separarti dal tuo pensiero negativo né puoi metterlo in discussione per scoprire se è reale o no.
Sei in balia del tuo pensiero negativo e ti sta controllando.
Riconoscendo il tuo pensiero negativo e quindi esaminandolo da vicino come osservatore e non come reattore, puoi identificare se si tratta di un pensiero produttivo che ti aiuta a funzionare in modo positivo nella vita e serve il tuo benessere o se è un pensiero che ti fa sentire male o ha paura e non ha alcuno scopo per il tuo benessere.
Puoi quindi iniziare il processo di interrogatorio per scoprire cosa sta facendo quel pensiero negativo nella tua mente e cosa vuole da te. Consideralo un intruso.
La prima cosa che vorresti chiedere a qualcuno che sta sconfinando o invadendo il tuo spazio è: "Cosa ci fai qui?" o "Cosa vuoi?" Non appartengono alla tua proprietà privata e non hanno il diritto di esserci.
Lo stesso si può dire di un pensiero negativo e invadente che si apre nella tua mente inaspettatamente e non invitato. Essendo l'osservatore, applichi lo stesso tipo di domande ai tuoi pensieri negativi o dirompenti come faresti con un intruso. Ecco perché la prima cosa che devi chiederti quando ti viene in mente un pensiero negativo è "Dice chi?" che significa: "Chi sta dicendo questo pensiero nella mia mente e perché?"
Questo aiuta immediatamente a stabilire cosa sta facendo nella tua mente e cosa vuole da te.
Questa prima domanda avvierà anche il processo necessario per identificare e sfidare il tuo pensiero negativo come reale o non reale.
Le domande successive sfideranno ancora di più il tuo pensiero negativo in modo che tu possa arrivare al fondo di esso e all'intenzione dietro di esso.

Esaminando ulteriormente puoi poi decidere se vuoi mantenere il tuo pensiero negativo o lasciarlo andare, una decisione che dipende completamente da te.
Hai sempre il controllo dei tuoi pensieri.
Sfidando un pensiero negativo, lo chiedi per rivelare chi è responsabile di questo pensiero nella tua mente.
In altre parole, come ci è arrivato? Una volta scoperto, sei responsabile di ciò che vuoi fare al riguardo.
È il tuo pensiero originale, o era di qualcun altro e lo hai preso come tuo? Potresti persino scoprire che è un vecchio pensiero che è diventato parte delle tue convinzioni fondamentali, e ora è il momento di sfidarlo e lasciarlo andare.

Lo dice chi?
Lo dice chi? il metodo delle domande inizierà il processo necessario per farti conoscere e comprendere meglio i tuoi pensieri, in modo che tu possa essere pronto a sfidare il pensiero negativo quando si presenta inaspettatamente e vuole minare, sabotare, controllare o impedirti di essere il tuo sé autentico, e raggiungere i tuoi obiettivi per condurre una vita felice e appagata.
Come ho detto, non puoi condurre una vita felice e appagata se il tuo dialogo interiore è conflittuale o ti fa soffrire.
Quando ti impegni a usare le seguenti domande e permetti loro di essere la tua guida per la gestione dei tuoi pensieri, vedrai quanto diventerà chiara e acuta la tua percezione e come sarai in grado di discernere e identificare rapidamente quali dei tuoi pensieri sono reali e che non lo sono.
Utilizzando Says Who? metodo con coerenza, la linea di fondo sarà alla fine: "Se questo pensiero negativo non supporta il mio benessere, allora non ne ho bisogno".
L'uso regolare del metodo ti darà anche gli strumenti per identificare, sfidare e resistere immediatamente a qualsiasi pensiero negativo che cerchi di trascinarti su un percorso non produttivo.
Ti permetterà di rifiutarti di cedere al tipo di pensieri negativi che possono farti prendere una "svolta sbagliata" e farti deragliare dal raggiungere i tuoi obiettivi.
Dice chi? Ti aiuterà a mantenere la rotta in modo da poter creare la mentalità positiva necessaria per raggiungere la realizzazione.

Il pensiero della negazione
Un altro pensiero negativo è appunto la negazione: la convinzione di non riuscire a raggiungere un obbiettivo
 Questi sei suggerimenti ti aiuteranno a superare il sentimento negativo (o almeno a migliorare un po' 'il tuo umore).

Comprendi la verità sulla paura
Renditi conto che la paura è spesso immaginaria e che probabilmente farai meglio se agisci piuttosto che se non fai nulla e lasci che i pensieri negativi ti controllino.

Il pensiero negativo (fatto con moderazione) può essere un bene per te
Dicono: "Una preparazione adeguata impedisce prestazioni scadenti"

Grove ha affermato che il maggior successo tra tutti gli amministratori delegati con cui aveva lavorato erano quelli che si preparavano per ogni risultato negativo dietro l'angolo pur assumendosi rischi calcolati.

Una delle tecniche che le aziende usano oggi prima di lanciare nuovi prodotti è quella che gli stoici antichi usavano migliaia di anni fa.

Poiché viaggiare non era così facile o sicuro come lo è oggi, un vecchio stoico passava molto tempo a prepararsi per ogni risultato negativo che poteva accadere; tempeste inaspettate, siccità, pirateria, prigionia ... ecc. e poiché funzionava abbastanza bene, decisero di chiamarlo "Pre-moretm".

Oggi, e prima del lancio di ogni prodotto, i project manager si incontrano per discutere una semplice domanda che è "e se questo prodotto fosse un completo fallimento".

Comprendi che la sopravvivenza è la prima e più importante missione del tuo cervello e che i pensieri negativi sono il suo modo per proteggerti da tutti i pericoli. Il tuo compito è ascoltare il razionale tra questi pensieri e agire nonostante quelli irrazionali.

Usa molte affermazioni
Leggi qualsiasi opera di Napoleon Hill e saprai che aveva un enorme rispetto per le affermazioni.

Dalla mia umile esperienza, se un uomo che ha intervistato alcuni degli uomini più ricchi della sua età dice che le affermazioni sono buone, allora probabilmente lo sono.

Le affermazioni funzionano perché danno alla tua mente qualcosa su cui concentrarsi invece di riempirla con il negativo indesiderato.

Dovresti anche capire che sebbene dire "Sono ricco" mille volte al giorno non ti renderà un successo dall'oggi al domani, ripetere ogni affermazione più e più volte ti spinge letteralmente ad agire.

Uso molto le affermazioni e lo giuro.

Ogni mese creo un'affermazione per ciascuno dei miei obiettivi e continuo a ripeterla ancora e ancora sotto la doccia, in cucina o in macchina.

Uso queste affermazioni anche ogni volta che mi sento pigro o deluso e di solito, in pochi minuti, torno al lavoro con entusiasmo e tenacia.

Scrivi i tuoi pensieri
I pensieri vanno e vengono così velocemente che potresti non sapere cosa ti ha fatto stare male per una certa cosa.

La soluzione?

Annota tutto ciò che ti dà fastidio.

Gli esperti chiamano questo diario o scrittura espressiva ed è un ottimo strumento per gestire la negatività.

Uno studio della Michigan University ha scoperto che gli studenti tendono a ottenere risultati molto migliori se scrivono le loro preoccupazioni prima di un duro esame.

Un altro studio su 1.300 veterani statunitensi di ritorno ha rilevato che quattro sessioni settimanali di journaling per sei settimane consecutive sono state ottime per aiutarli ad affrontare i traumi del dopoguerra.
Un'altra cosa che può rendere l'inserimento nel diario ancora più efficace è usare i famosi modelli della terapia cognitiva comportamentale per analizzare il tuo pensiero negativo disfunzionale. Questi modelli sono:
- Tutto o niente
- Catastrofico
- Scontando il risultato positivo
- Pensare che qualcosa sia vero perché senti che è vero (Ragionamento emotivo)
- Etichettare cose o te stesso (Es: sono un perdente)
- Overgeneralization (es: tutti mi odiano)
- Personalizzazione: pensare che gli altri si stiano comportando negativamente a causa tua
- Usare gli imperativi: legarsi a così tante regole usando così tanti dovrebbe e deve

Aspettati sempre di vincere
(anche se sai che nessuno vince ogni volta)
La maggior parte delle persone non pensa positivo perché teme di essere deluso.
Tuttavia, la verità è che aspettarsi di vincere aumenta le tue possibilità di vincere molto più che aspettarti di perdere.

Dormi a sufficienza
So che lo abbiamo ripetuto più volte e può sembrare punto di partenza, ma la verità è, il buon sonno è sottovalutato da molte persone.
La privazione del sonno può influire sulla tua memoria e sul tuo umore (senza menzionare il tuo sistema immunitario, il desiderio sessuale e la pressione sanguigna).
Quindi, sentirsi negativi e depressi potrebbe essere solo il risultato delle tue cattive abitudini di sonno.

Minimalismo Digitale

Prima di procedere bisogna capire di cosa stiamo parlando e per comprenderlo, forse prima bisognerebbe aprire una piccola parentesi sulla società contemporanea per analizzare i meccanismi che la caratterizzano nella sua totalità.
La società in cui viviamo è fatta di e fondata da regole, che non fanno altro che danneggiarci.
Essa è stata appositamente strutturata in modo tale da non farci mai sentire appagati o realizzati completamente: ogni giorno, infatti, ci costringe a farci in quattro e dannarci pur di guadagnare sempre più soldi soltanto con il preciso obiettivo di spenderli per acquistare oggetti che non soddisferanno le nostre esigenze e che forse nemmeno eravamo così intenzionati a comprare.
Parallelamente nelle nostre agende non facciamo altro che stipare impegni su impegni, che ovviamente non riuscire a portare mai a termine, creandoci aspettative per il futuro come se fossimo immortali e avessimo a disposizione un tempo infinito ed illimitato.
Tutto questo, facendoci coinvolgere dalla frenesia di cui è impregnata questa società, e di conseguenze anche le nostre stesse vite.
Nemmeno fosse una gara, tutto viene, il più delle volte, visto come un correre e rincorrere, per vedere chi arriva prima e per veder chi riesce ad ottenere prima ciò per cui stava correndo. Ci dimentichiamo che la vita non è una maratona e che è sbagliato viverla come tale, proprio perché la vita stessa è un percorso personale di crescita.
Ciò significa che ognuno ha i propri tempi, ognuno ha i propri modi ed i propri strumenti per affrontare tale percorso al meglio, scegliendo autonomamente persino il passo ed il ritmo con il quale camminare.
Erroneamente talune persone sono portate a pensare che il significato di minimalismo è "qualcosa in meno", quando invece piuttosto è "rimuovere il superfluo".

Chi avrà pensato che il significato di minimalismo lo riscontriamo nel "possedere di meno" non è andato completamente fuori strada, e benché questo centri con l'anima vibrante del minimalismo, non è da intendere questo come punto d'arrivo. Questo termine lo ritroviamo in molti campi, come l'arte in cui nacque in quanto forma di denuncia ai limiti della pop art, per rimuovere il superfluo e focalizzarsi su ciò che conta davvero. O la letteratura in cui è indicato per rappresentare l'adozione, da parte degli autori, di uno stile piano, scarno, attento alle piccole cose della vita.
In linguistica, invece, è spesso concentrato ed accomunato alla sintassi.
La musica minimalista si fonda sull'ostentata iterazione di temi brevi che si evolvono lentamente.
Insomma, nell'arte rappresenta in tutto e per tutto un "ritorno alle origini", perché il minimalismo in due parole è questo: dedizione all'essenziale.

Quante volte capita di non riuscire a focalizzarci completamente sui nostri obiettivi o di non riuscire a staccarci dal cellulare? O quante volte, specialmente durante i picchi di noia, ci ritroviamo a scrollare il feed e a perdere tantissimo tempo?
Tutte queste situazioni sono all'ordine del giorno per molti di noi: per questo motivo abbiamo bisogno di applicare la filosofia minimalista alla tecnologia, in modo tale da iniziare ad utilizzarla in modo intenzionale.
Più del 50% delle persone in Italia controlla lo schermo del cellulare appena apre gli occhi al mattino e utilizza lo smartphone per un totale di 24 ore settimanali, per non parlare della fascia d'età che va dai 18 ai 24 anni che può arrivare fino alle 35 ore settimanali.
Oltre a questi dati che possono scandalizzarci o meno, è stato appurato che, in media, controlliamo il cellulare circa duecento volte ogni giorno.
Ormai è diventato un gesto così automatico che nemmeno ce ne accorgiamo.

Perché succede tutto questo?
Inconsciamente, si innesca l'ansia di perderci qualcosa, ovvero la cosiddetta FOMO, Fear Of Missing Out, che ci spinge a controllare il telefono per scorgere qualche notifica che non possiamo lasciarci scappare, dal messaggio all'ultimo video del nostro guru preferito, dalle storie della nostra amata influencer del momento alle richieste d'amicizia.
Condividere sembra essere l'unica scelta che abbiamo per vivere al passo con gli altri e le nostre conversazioni sono principalmente online, non dal vivo.
Per dimostrare di essere persone attive ed interessanti abbiamo bisogno di far vedere quali locali frequentiamo, di fotografare quel piatto ricercato che stiamo per mangiare: se non condividiamo l'esperienza è come se non l'avessimo mai fatta, non è così? Proprio in questo modo perdiamo il senso dell'esperienza e non la viviamo appieno, rimanendo in superficie.
La stessa procedura avviene con le persone che seguiamo sui social: vederle tutti i giorni sullo schermo del nostro cellulare ci fa presumere di conoscerle ma, in realtà, non le conosciamo affatto.
Sappiamo solo una parte di loro, ossia quella che decidono di condividere online che, nella maggior parte dei casi, è solo una vetrina di come queste persone vorrebbero essere percepite dagli altri.
La tecnologia apporta innumerevoli benefici, questo non è sicuramente da mettere in dubbio, e non è da demonizzare, ma ogni tanto dobbiamo fermarci un attimo e riflettere sul motivo per cui uno strumento tanto utile ci stia consumando la vita.
Abbiamo la necessità di diventare consapevoli di come utilizzarla nel migliore dei modi e, quindi, non dobbiamo soffermarci sullo strumento in sé ma sul modo che abbiamo di utilizzarlo e proprio qui entra in gioco il minimalismo digitale.
Il minimalismo digitale si basa su un approccio intenzionale, che dobbiamo conoscere perché sì, esiste un diverso metodo di approccio alla tecnologia.
Proviamo a pensare al decluttering relativo alla casa promosso da Marie Kondo, fondatrice del metodo KonMari.
Per ogni oggetto, ogni abito e ogni mobile della casa che occupa spazio e ci appesantisce, dobbiamo chiederci se ci procura gioia, altrimenti possiamo ringraziarlo e poi eliminarlo o donarlo in beneficenza.

Lo stesso principio può essere applicato anche al mondo digitale: la memoria dei nostri dispositivi è intasata di documenti e di fotografie che non riguardiamo mai, le e-mail continuano ad accumularsi nella casella di posta elettronica, le app che abbiamo installato sul nostro cellulare sono innumerevoli (ma le utilizziamo davvero tutte?), abbiamo migliaia di amici e di followers sui social, seguiamo pagine da tempo che, magari, non sono più allineate con i nostri valori... grazie al minimalismo digitale, possiamo agire con intenzionalità e fare decluttering.
Fare minimalismo digitale non significa eliminare la tecnologia, bensì imparare ad utilizzarla in modo intenzionale, in modo tale da sfruttare a nostro vantaggio solo la tecnologia che ci serve davvero nel modo più efficiente possibile.
Come fare?
Dopo aver letto tutti i suggerimenti proposti, possiamo provare a cimentarci in una sfida di 7 giorni in cui tentiamo di mettere in atto almeno una strategia.
Fin da subito, potremo notare il cambiamento di qualità della nostra vita quotidiana e della nostra produttività. Iniziamo!

Controllare il tempo che spendiamo nelle attività online Soprattutto se siamo abituati a perdere tempo a scrollare il feed non solo nei social, ma su internet in generale. Fortunatamente, sui nostri dispositivi abbiamo la possibilità di tracciare la quantità di tempo che spendiamo attaccati allo schermo e tutti noi dovremmo dare un'occhiata a questa funzione, almeno una volta a settimana, così da acquisire consapevolezza della nostra situazione attuale e iniziare a lavorare da lì.
Dalle impostazioni, infatti, possiamo accedere a questa funzione che ci mostrerà tutti i dati raccolti e, inoltre, potremo apportare dei limiti proprio sulle app più critiche, così da farle chiudere in modo automatico ogni volta che andremo oltre le tempistiche stabilite.
Con una semplice mossa, abbiamo modo di guadagnare tantissimo tempo perso, di iniziare a procrastinare sempre meno e di trovare modi alternativi di sfruttare i momenti morti.

Ridurre le distrazioni digitali
Facendo il famoso decluttering digitale.
Se la nostra casella e-mail è intasata e continuiamo a distrarci dalle notifiche, è giunto il momento di semplificare l'utilizzo del nostro smartphone con intenzionalità:
- eliminando le app che non utilizziamo mai o che non reputiamo utili;
- spostando le app che ci distraggono di più dalla schermata principale: possiamo creare una cartella chiamata social e posizionarla in seconda pagina, così da non avere la tentazione sott'occhio ogni volta che sblocchiamo lo schermo;
- eliminando le notifiche, ovvero fare in modo di mostrarle solo quando apriamo l'applicazione;
- pulendo la casella di posta elettronica ed eliminando l'iscrizione dalle newsletter che non leggiamo mai.
Tutti questi passaggi ci permetteranno di focalizzarci più facilmente e di lavorare in modo più intenso.
Come pulire la casella e-mail?

Mediamente, trascorriamo metà della nostra giornata lavorativa a leggere, scrivere e smistare e-mail perché sentiamo la necessità di essere sempre disponibili per i nostri clienti, senza renderci conto che questo processo ci rende meno produttivi e più stressati.
Possiamo dividere il nostro comportamento di fronte alle e-mail in tre categorie: archiviatori seriali, disinfestatori occasionali e noncuranti.
- Archiviatori seriali: rientrano in questa categoria tutte quelle persone che appena vedono una mail in entrata scattano e la archiviano in una delle mille cartelle che hanno creato. Appena ricevono una mail, piantano in asso tutto quello che stanno facendo per leggere il messaggio e archiviarlo immediatamente.

Il problema, in questo caso, è che per ogni piccola interruzione del genere abbiamo bisogno di ritrovare la concentrazione e riprendere a lavorare, operazione che richiede quasi mezz'ora del nostro tempo;
- Disinfestatori occasionali: sono quelle persone che vanno a momenti, ovvero le fasi di caos sono alternate a periodi di ordine maniacale.
Si tratta del sistema peggiore in assoluto, in quanto ci fa rischiare di smarrire messaggi davvero importanti;
- Noncuranti: semplicemente non hanno la più pallida idea di come gestire una casella e-mail e, quando devono cercare un messaggio in particolare, si limitano ad utilizzare il comando di ricerca con la lente d'ingrandimento.
Per imparare a gestire la nostra casella di posta elettronica bastano pochi semplici passaggi da tenere a mente e che possiamo mettere in atto immediatamente.
Partiamo dalla pagina di posta in entrata, dove ha senso conservare le e-mail urgenti o con una scadenza, così da averle sempre sott'occhio; tutte le altre e-mail, posto che saranno utili in futuro, possono essere archiviate in un sistema di poche cartelle.
Teniamo presente che non ha alcun senso avere più di venti cartelle da gestire, comprese le sottocartelle: perderemo tantissimo tempo per archiviare la mail appena arrivata per assicurarci di averla catalogata nel modo corretto, per poi dimenticarcene.
Assicuriamoci soltanto di raggruppare le e-mail della stessa categoria nella medesima cartella quindi, se ci stiamo occupando di progetti relativi ai social media, possiamo inserirli in un'unica cartella.
Un'altra cartella che può risultare utile è quella in cui conserveremo le comunicazioni o le linee guida da parte dei nostri superiori, che possiamo chiamare, appunto, linee guida.
Quando una mail contiene un allegato che non possiamo permetterci di perdere o di dimenticare, salviamo l'allegato sul desktop (nella cartella più consona) e archiviamo la mail.
Dopo esserci occupati della posta in entrata, passiamo alle cartelle che abbiamo creato in passato, esaminando quali possono essere tenute e quali, invece, non servono più.
La cartella posta inviata lasciamola così com'è, non ha senso creare delle cartelle per le e-mail che abbiamo scritto noi e, già che ne stiamo parlando, cerchiamo di ridurre al minimo le e-mail che inviamo: se una comunicazione può essere fatta di

persona o è così urgente che necessita di una risposta immediata, possiamo sollevare la cornetta e chiamare il destinatario.
Inoltre, evitiamo di mettere tutti in copia conoscenza: riflettiamo bene prima di cliccare "rispondi a tutti" o di digitare il nome di più persone nei destinatari, perché se quella persona ha bisogno di essere informata è un conto, ma se vogliamo solo metterla in imbarazzo o farla sentire in colpa, possiamo benissimo evitare di farlo.
Un consiglio che può tornare utile a tutti è quello di impostare degli intervalli di tempo per gestire le mail, ad esempio a inizio e a fine giornata lavorativa: in questo modo, possiamo ridurre le distrazioni al minimo e riusciremo a dare il massimo in termini di produttività.
Se questo sistema non si addice a noi e ci fa sentire sopraffatti, possiamo creare un'unica cartella archivio e inserire tutte le e-mail della posta in entrata, così da avere la pagina libera e poter iniziare a catalogare le future mail d'altronde, possiamo sempre utilizzare il comando di ricerca interna.
In conclusione, ricordiamo sempre che le e-mail e il lavoro non devono essere confusi: le prime sono solo uno dei tanti strumenti che ci consentono di lavorare, ma non costituiscono il lavoro in sé. Non perdiamoci troppo tempo.

Iniziare a vivere le esperienze senza condividerle online
A meno che il nostro lavoro verta proprio su questo, come nel caso di un influencer, condividere compulsivamente ogni nostro gesto non è importante e, il più delle volte, lo facciamo per ricevere approvazione dagli altri.
Immortaliamo tutto per paura di non ricordare ogni cosa, ma quante volte ci capita di riguardare le fotografie dei mesi passati? Sarebbe molto meglio stampare le fotografie e creare un album da sfogliare insieme ai nostri cari: ormai esistono tante aziende che propongono questo servizio.
Proviamo a pensare a come non abbiamo vissuto totalmente il concerto del nostro cantante preferito solo perché eravamo presi a registrare tutto in un video che non riguarderemo mai o che, peggio, possiamo trovare online.
In questo caso, il minimalismo digitale va applicato alla condivisione: cerchiamo di creare dei momenti in cui ci allontaniamo dalla fotocamera e che potremo conservare nel nostro cuore per anni.
Domandiamoci con intenzionalità quali sono le esperienze che possiamo fare senza stare attaccati al cellulare e scegliamo un momento che reputiamo importante, che sia un'uscita con gli amici, un weekend fuori porta... sperimentiamo la nostra totale presenza nel qui ed ora.
Inoltre, esistono dei posti che possono farci sperimentare questo consiglio in modo ancora più estremo: si tratta dei digital detox retreat, una forma di vacanza in cui si è completamente offline per un periodo di tempo che va da un weekend a due settimane e che, ultimamente, sta prendendo piede anche in Italia.
Durante la nostra permanenza in questi alloggi, non è consentito utilizzare la tecnologia, infatti il cellulare viene consegnato il primo giorno e verrà restituito prima di tornare a casa.
Questo non significa essere irrintracciabili: per qualsiasi emergenza, i nostri cari potranno contattare l'organizzazione in ogni momento.

Durante questo detox digitale abbiamo modo di riscoprirci e di socializzare con persone che stanno vivendo questa esperienza, proprio come noi.
Chiaramente si tratta di qualcosa di molto temerario e non adatto per chi prova una profonda sensazione di disagio al solo pensiero di uscire di casa senza cellulare.
In tal caso, quando siamo da qualche parte e ci viene voglia di caricare una storia o condividere un post proviamo a domandarci il motivo per cui lo stiamo per fare, se si tratta di una condivisione che porta valore alle persone che ci seguono o se si tratta semplicemente di farci notare e di far perdere tempo a tutti.
A questo punto potremmo renderci conto che la maggior parte delle volte non esiste una valida motivazione per condividere qualcosa online, o meglio, c'è ma è fine a sé stessa.
Riflettendo su questo punto, forse, la voglia di immortalare qualsiasi esperienza passerà e continueremo a fare quello che stavamo facendo senza tirare fuori il telefono dalla tasca.

Stop al confronto continuo
Bisogna mettere dei paletti nei social network, soprattutto per i più giovani che si basano su quello che vedono online e avvertono una certa pressione derivante dal paragone continuo.
È normale paragonarsi a quelle immagini patinate ricche di corpi e di vite perfette che ci bombardano costantemente e, alla lunga, questo genera un sentimento di frustrazione perché ci fa venire voglia di alzare l'asticella e di imporci degli standard irraggiungibili.
Ricordiamo sempre che tutti i social sono una vetrina in cui ognuno mostra ciò che vuole, con l'intenzione di apparire nel miglior modo possibile.
È chiaro che anche le influencer più famose abbiano i loro momenti no e le loro giornate storte ma, semplicemente, non lo fanno vedere.
Il primo consiglio, quindi, è quello di non credere esattamente a tutto ciò che vediamo sui social ma di guardare con un filtro, sapendo che gli altri ci mostrano solo quello che vogliono farci vedere e selezionando i profili che non ci danno sensazioni positive, eliminandoli.
Smettiamo di seguire tutte quelle pagine o quelle persone che pubblicano contenuti che generano in noi una certa ansia di prestazione e un senso di frustrazione per aggiungerlo a musei, artisti, filosofi, poeti e progetti capaci di ispirarci.
Abbiamo la possibilità di muoverci in un mondo meraviglioso: perché limitarci a farci del male? Cerchiamo di utilizzare il tempo che impieghiamo sui social per curarci e non per ammalarci.
Non si tratta di eliminare qualsiasi forma di divertimento, assolutamente, ma si tratta di imparare a vivere il divertimento selezionando quello che ci fa stare bene.
Dobbiamo pensare al valore che vogliamo far entrare nella nostra vita e liberarci del superfluo.
Continuare a paragonarci a ciò che vediamo online è distruttivo per la nostra salute mentale, perché il paragone continuo non ci fa sentire mai abbastanza, non ci fa sentire degni e sicuramente non aiuta.
Quello che dobbiamo fare è diventare consapevoli del perché lo facciamo, così da smettere di paragonarci agli altri.

Ogni giorno vediamo letteralmente la perfezione nel nostro feed, sia che si tratti di qualcuno che con un selfie mostra la sua bellezza, sia che si tratti di un nostro compagno di corso che si è già laureato e ci fa sentire indietro... qualsiasi cosa sia, le persone postano i fatti più rilevanti della loro vita online e, per questo, è così facile fare il paragone con la nostra vita.
Il paragone è il ladro della gioia perché possiamo sentirci bene, aver passato un esame, aver ricevuto una promozione al lavoro per poi aprire i nostri social e vedere che qualcun altro ha fatto qualcosa di ancora meglio.
È proprio lì che sbagliamo: se osserviamo il mondo con gli occhi del paragone, troveremo sempre qualcuno che è meglio di noi, così come troveremo qualcuno che è peggiore di noi a fare qualcosa.
Ci sarà sempre qualcuno di migliore e qualcuno peggiore a noi nel mondo in una determinata area della vita, ma non possiamo arrogarci il diritto di giudicare: se facessimo un passo indietro, ci renderemmo conto che ogni persona sta vivendo la sua vita in modo unico, ha incontrato le proprie difficoltà, ognuno ha la propria storia che ha forgiato le sue abilità, le sue debolezze e, proprio per questo, non è possibile davvero paragonare due persone.
Questo non significa che il paragone sia sempre distruttivo, perché possiamo anche guardare che cosa fanno gli altri e imparare qualcosa, trarre ispirazione da loro.

Tutti i paragoni sono collegati alla nostra autostima, a come ci sentiamo noi in primis: se siamo persone che credono fermamente di non essere meritevoli e di non valere nulla, allora il paragone ci farà sentire inferiori; se, invece, abbiamo una grande fiducia in noi stessi e ci sentiamo al massimo nelle nostre capacità, il successo degli altri ci motiverà in modo positivo perché se gli altri sono riusciti a raggiungere un certo traguardo, allora anche noi possiamo farlo tranquillamente.
Un errore che possiamo commettere quando ci troviamo vicino a qualcuno che reputiamo migliore di noi, è quello di attaccarlo per buttarlo giù, mossi dalla nostra mancanza di autostima.
Vi svelo un segreto: le abilità, la bravura, la fiducia che l'altra persona ha maturato nel corso del tempo non diminuiranno a causa del nostro tentativo di farlo sentire peggio.
Come già detto, ognuno di noi ha la propria storia e le proprie caratteristiche che lo rendono unico al mondo e il paragone non ha alcun senso.
L'unica cosa che possiamo fare è supportare gli altri perché non si tratta di vivere in una competizione, ma in una comunità.
Proviamo a pensare ai fiori: ognuno è bello a modo suo, ma la vera forza viene fuori quando realizziamo un bouquet e, allo stesso modo, quando cooperiamo come una comunità invece di competere e di buttarci giù a vicenda, riusciamo a migliorare il mondo nel nostro piccolo.

E proprio questo è ciò di cui abbiamo bisogno: smettere di paragonarci agli altri e di vedere il mondo intero come una competizione continua.
È sfiancante vivere cercando di fare meglio rispetto a qualcun altro invece di lavorare su noi stessi continuamente, in termini di amore per noi stessi, fiducia in noi stessi e autostima.
Il nostro dovere su questo pianeta è proprio quello di essere la versione migliore di noi stessi e, per diventarlo, dobbiamo continuare a lavorare sulla nostra anima.
L'unico paragone che ha senso di esistere è quello con il nostro Io del passato.

Un esercizio che possiamo fare per allenarci a smettere di paragonarci agli altri è quello di essere consapevoli dei nostri pensieri, quelli negativi e giudicanti che ci fanno sentire inferiori, e scriverli su un diario o direttamente nelle note del nostro telefono.
Ogni volta che ci rendiamo conto di fare un paragone negativo, scriviamolo.
Scriviamo che cosa ha fatto scattare questo meccanismo nella nostra mente, quali parole abbiamo usato nella nostra mente e teniamo traccia di questi pensieri per tre giorni.
Dopodiché, abbiamo una lista di pensieri negativi e sabotatori che dobbiamo stravolgere e rendere positivi.
Quindi, individuiamo il pattern che si ripete nella nostra mente e riscriviamo i pensieri in termini positivi, per poi ripeterli nella nostra mente.
La ripetizione è la chiave per far penetrare il pensiero positivo nella nostra parte inconscia.
Si tratta di un esercizio simile all'apprendimento di una nuova abitudine, perché si tratta proprio di incrementarla tramite la ripetizione nella nostra routine quotidiana.
I momenti più propizi per ripetere queste frasi sono prima di andare a dormire, appena svegli o durante la meditazione perché durante questi momenti il nostro cervello è in uno stato chiamato theta, che corrisponde al rilassamento profondo.
Chiaramente capiterà di tornare ai pensieri distruttivi, è normale: perdoniamoci e ricominciamo a ripetere le affermazioni che abbiamo annotato, così da continuare a lavorare su noi stessi.
Un altro problema relativo al confronto che coinvolge soprattutto i content creators o chiunque svolga un lavoro creativo, è quello di non riuscire ad ultimare un progetto per paura di sentirsi inferiori rispetto a chi l'ha già fatto in precedenza.
Ci sarà sempre qualcuno più bravo di noi e che ha già avuto la nostra idea: impariamo a disintossicarci nel momento in cui decidiamo di creare qualcosa di nuovo per noi.

Forse è arrivato il momento di distaccarci dai social e di far sentire la nostra voce nel mondo reale, in modo tale da ascoltarci e lasciare che la nostra creatività abbia il sopravvento.
In conclusione, vi lascio con una riflessione: che cosa è meglio tra una rosa e un giglio? La risposta dipenderà dal vostro gusto personale e non da un dato di fatto.
Ogni fiore ha il proprio modo di mostrare la sua bellezza e il suo profumo, più o meno insistente, e per questo non è possibile paragonare due fiori tra di loro.

Io potrei essere una rosa e un'altra persona potrebbe essere un giglio: quale è meglio tra le due?
Non esiste una risposta a questa domanda, perché come due fiori non sono paragonabili, anche due persone non possono esserlo.
Entrambi i fiori sono stupendi, ma la bellezza di un giglio non sminuisce quella della rosa e, viceversa, una rosa non perde di valore vicino ad un giglio.
Possiamo dire che i due fiori si completino a vicenda e che, insieme, formino un bellissimo bouquet.
La prossima volta che ci ritroviamo a paragonarci agli altri, ricordiamo questa frase: un fiore non pensa a competere con il fiore vicino, ma pensa solo a fiorire.
Ed è esattamente quello che dobbiamo fare noi.

Tutti questi suggerimenti non sono facili da applicare, soprattutto all'inizio, ma sicuramente ci arricchiranno e potranno dare valore alle nostre giornate invece di toglierlo.
I benefici che potremo sperimentare, infatti, sono diversi tra cui:
-   riduzione di ansia e di stress data dal fatto di non essere costantemente al cellulare in preda alle notifiche e alla condivisione compulsiva;
-   aumento della fiducia in noi stessi e miglioramento della nostra autostima e produttività perché riusciremo (finalmente!) a portare a termine i nostri progetti in modo più focalizzato;
-   aumento del coraggio e della creatività nell'intraprendere nuove sfide perché ci confronteremo sempre meno con le altre persone.
Grazie a tutti questi suggerimenti, riusciremo ad imparare ad utilizzare internet e i social nel migliore dei modi, così da essere più consapevoli nel momento presente.

Avrai Successo!

Come definiamo il successo? Ci sono molte tattiche diverse per avere successo nella vita, ma la strategia che funziona meglio per te può dipendere dalla tua visione del successo stesso.
Spesso pensiamo che stia andando bene sul lavoro o guadagnando uno stipendio elevato.
Sebbene i risultati professionali possano essere un pezzo del puzzle, tralascia molte altre aree importanti della vita. Famiglia, relazioni sentimentali, accademici e atletica leggera sono solo alcune aree in cui le persone possono lottare per il successo.
La tua definizione individuale di cosa sia il successo può variare, ma molti potrebbero definirla soddisfatta, felice, sicura, sana e amata.
È la capacità di raggiungere i tuoi obiettivi nella vita, qualunque siano questi obiettivi.
Quindi cosa puoi fare per aumentare le tue possibilità di ottenere queste cose? Quali sono alcune delle abitudini delle persone di successo?
Non esiste un unico modo giusto per avere successo.
Ciò che funziona per te potrebbe non funzionare per qualcun altro. Potrebbe non esserci una combinazione perfetta di ingredienti in grado di garantire il successo, ma ci sono alcuni passaggi fondamentali che puoi seguire che possono aumentare le tue possibilità di avere successo nella vita, nell'amore, nel lavoro o in qualsiasi cosa ti succeda.

Costruisci una mentalità di crescita
La ricerca della psicologa Carol Dweck suggerisce che ci sono due mentalità di base che influenzano il modo in cui le persone pensano a sé stesse e alle proprie capacità: la mentalità fissa e la mentalità della crescita.
Le persone che possiedono una mentalità fissa credono che cose come l'intelligenza siano statiche e immutabili.
Chi ha una mentalità fissa crede che il successo non sia il risultato di un duro lavoro, ma semplicemente una conseguenza di talenti innati.
Poiché credono che tali talenti siano qualcosa con cui le persone sono nate o no, tendono a rinunciare più facilmente di fronte a una sfida.
Smettono quando le cose non vengono facilmente perché credono di non avere l'abilità innata necessaria per eccellere.
Coloro che hanno una mentalità di crescita, d'altra parte, sentono di poter cambiare, crescere e imparare attraverso lo sforzo.
Le persone che credono di essere in grado di crescere hanno maggiori probabilità di raggiungere il successo.
Quando le cose si fanno difficili, cercano modi per migliorare le proprie capacità e continuare a lavorare per il successo.
Le persone con una mentalità di crescita credono di avere il controllo della loro vita, mentre quelle con una mentalità fissa credono che le cose siano fuori dal loro controllo.

Cosa puoi fare per costruire una mentalità di crescita?
Credi che i tuoi sforzi siano importanti.
Piuttosto che pensare che le loro capacità siano fisse o bloccate, le persone che hanno una mentalità di crescita credono che lo sforzo e il duro lavoro possano portare a una crescita significativa.
Impara nuove abilità.
Quando devono affrontare una sfida, cercano modi per sviluppare le conoscenze e le abilità di cui hanno bisogno per superare e trionfare.
Visualizza i fallimenti come esperienze di apprendimento.
Le persone con mentalità di crescita non credono che il fallimento sia un riflesso delle loro capacità. Invece, lo vedono come una preziosa fonte di esperienza da cui possono imparare e migliorare. "Non ha funzionato", potrebbero pensare, "quindi questa volta proverò qualcosa di leggermente diverso."

Migliora la tua intelligenza emotiva
Si ritiene da tempo che l'intelligenza generale sia un fattore che contribuisce al successo in diverse aree della vita, ma alcuni esperti suggeriscono che l'intelligenza emotiva può effettivamente contare ancora di più.
L'intelligenza emotiva si riferisce alla capacità di comprendere, utilizzare e ragionare con le emozioni.
Le persone emotivamente intelligenti sono in grado di comprendere non solo le proprie emozioni, ma anche quelle degli altri.
Per migliorare la tua intelligenza emotiva:
- Presta attenzione alle tue emozioni.

Concentrati sull'identificazione di ciò che stai provando e cosa sta causando quei sentimenti.
- Gestisci le tue emozioni.

Fai un passo indietro e cerca di vedere le cose con un occhio imparziale. Evita di reprimere o reprimere i tuoi sentimenti, ma cerca modi sani e appropriati per affrontare ciò che senti.
- Ascolta gli altri.

Ciò non comporta solo l'ascolto di ciò che stanno dicendo, ma anche prestare attenzione ai segnali non verbali e al linguaggio del corpo.

Sviluppa la forza mentale
La forza mentale si riferisce alla resilienza di andare avanti e continuare a provare anche di fronte agli ostacoli.
Le persone che possiedono questa forza mentale vedono le sfide come opportunità. Sentono anche di avere il controllo sul proprio destino, sono fiduciosi nelle proprie capacità di avere successo e si impegnano a portare a termine ciò che iniziano.
Cosa puoi fare per migliorare la tua forza mentale e aumentare le tue possibilità di avere successo nella vita?
- Credi in te stesso.

Elimina il dialogo interiore negativo e cerca modi per rimanere positivo e auto-incoraggiante.
- Continua a provare.

Anche quando le cose sembrano impossibili o le battute d'arresto continuano a trattenerti, concentrati sui modi in cui puoi sviluppare le tue abilità e continuare a fare carriera.
Una delle abitudini chiave delle persone di successo è guardare sempre alle battute d'arresto o ai fallimenti come opportunità di apprendimento.

- Stabilisci degli obiettivi.

Le persone mentalmente forti sanno che per ottenere risultati, devono iniziare avendo obiettivi raggiungibili.
Questi obiettivi non sono necessariamente facili da raggiungere, ma avendo qualcosa a cui mirare, sarai maggiormente in grado di andare avanti e superare gli ostacoli.

- Trova supporto.

Fare le cose da solo può essere difficile, ma avere un forte sistema di supporto può rendere le cose più facili.
Mentori, amici, colleghi e familiari possono incoraggiarti quando le cose si fanno difficili e persino offrire consigli e assistenza che possono aiutarti a migliorare le tue possibilità di successo.

Rafforza la tua forza di volontà
In uno studio longitudinale di lunga durata, gli psicologi hanno seguito un gruppo di bambini che sono stati identificati dai loro insegnanti come altamente intelligenti. Confrontando il modo in cui questi soggetti si sono comportati durante l'infanzia e nell'età adulta, i ricercatori hanno scoperto che coloro che alla fine hanno avuto più successo nella vita condividevano alcune caratteristiche chiave, tra cui la perseveranza e la forza di volontà.4
Queste caratteristiche tendono a far parte della personalità generale di un individuo, ma sono anche qualcosa che puoi migliorare.
La gratificazione ritardata, imparare a persistere di fronte alle sfide e aspettare i frutti del tuo duro lavoro può spesso essere la chiave del successo nella vita.
Le strategie che puoi utilizzare per migliorare la tua forza di volontà includono:

- Distrazione.

Ad esempio, se stai cercando di perdere peso ma hai difficoltà a stare lontano dai tuoi snack preferiti, distrarti durante i tuoi momenti di debolezza può essere un modo efficace per evitare di cedere alla tentazione.

- Fai pratica.

La forza di volontà è qualcosa che puoi costruire, ma richiede tempo e impegno.
Inizia facendo piccoli obiettivi che richiedono forza di volontà per raggiungere, come evitare spuntini zuccherati.
Man mano che sviluppi la tua capacità di usare la tua forza di volontà per raggiungere obiettivi così piccoli, potresti scoprire che la tua forza di volontà è anche più forte quando lavori su obiettivi molto più grandi.

Concentrati sulle motivazioni intrinseche
Cos'è che ti motiva di più? Trovi che la promessa di ricompense esterne ti faccia raggiungere i tuoi obiettivi, o sono le motivazioni più personali e intrinseche che ti

fanno sentire ispirato? Sebbene ricompense estrinseche come denaro, premi e lodi possano essere utili, molte persone trovano di essere più motivate quando fanno cose per la soddisfazione personale.

Se fai le cose perché ti piacciono, perché le trovi significative o perché ti piace vedere gli effetti del tuo lavoro, allora sei guidato da motivazioni intrinseche.

La ricerca ha dimostrato che mentre gli incentivi possono essere un migliore predittore di alcuni tipi di prestazioni, i motivatori intrinsechi tendono ad essere più bravi nel prevedere la qualità delle prestazioni.

Anche se spesso sono i motivatori esterni che fanno iniziare le persone, sono i motivatori interni che entrano in gioco e fanno andare avanti le persone per mantenere quei nuovi comportamenti.

Cosa puoi fare per aumentare il tuo senso di motivazione intrinseca?

- Sfida te stesso.

Perseguire un obiettivo raggiungibile, ma non necessariamente facile, è un ottimo modo per aumentare la motivazione al successo.

Le sfide possono mantenerti interessato a un'attività, migliorare la tua autostima e offrire feedback sulle aree in cui puoi migliorare. Scegliere un compito leggermente impegnativo ti aiuterà a motivarti per iniziare: è emozionante!

- Rimani curioso.

Cerca cose che attirano la tua attenzione e su cui vorresti saperne di più.

- Prendi il controllo.

Può essere difficile rimanere intrinsecamente motivati a perseguire un obiettivo se non ritieni di avere una reale influenza sul risultato.

Cerca dei modi in cui puoi assumere un ruolo attivo.

- Non temere la concorrenza.

Potrebbero esserci altre persone là fuori che cercano di raggiungere i tuoi stessi obiettivi, ma questo non significa che dovresti arrenderti.

Non confrontare i tuoi progressi o il tuo viaggio con quelli di qualcun altro.

Puoi cercare negli altri motivazione e ispirazione, ma ricorda che tutti abbiamo percorsi diversi.

Coltiva i tratti legati ad un alto potenziale

Gli psicologi hanno cercato a lungo di collegare tratti specifici o caratteristiche della personalità al successo nella vita e nel lavoro.

L' indicatore di tipo Myers-Briggs (MBTI) è una valutazione ampiamente utilizzata che viene spesso utilizzata dalle aziende per selezionare i candidati al lavoro.

Tuttavia, la ricerca spesso non riesce a dimostrare che l'MBTI è effettivamente correlato alle prestazioni

Secondo alcune ricerche più recenti, ci sono alcuni tratti che tendono ad essere costantemente legati al successo.

I ricercatori Ian MacRae e Adrian Furnham hanno identificato sei tratti chiave che possono avere un ruolo nel modo in cui le persone lavorano bene.

Tuttavia, notano che ci sono livelli ottimali di questi tratti. Se stai cercando di imparare come avere successo nella vita, considera cosa puoi fare per coltivare questi tratti chiave:

Coscienziosità
Le persone coscienziose considerano gli effetti delle loro azioni. Considerano anche come reagiranno e si sentiranno le altre persone.
Puoi coltivare questo tratto:
- Pensando alle conseguenze delle azioni
- Considerando le prospettive delle altre persone
- Accettazione dell'ambiguità

La vita è piena di situazioni non sempre chiare.
Le persone con un grande potenziale di successo sono maggiormente in grado di accettare questa ambiguità. Piuttosto che essere rigidi e inflessibili, sono pronti ad adattarsi quando gli imprevisti si presentano.
Si può imparare ad abbracciare l'ambiguità da:
- Sfidare le proprie prospettive e considerare opinioni e idee diverse dalle proprie
- Non temere il non familiare
- Essere disposti a cambiare
- Valorizzare la diversità
- Capace di regolazione

Oltre ad essere in grado di accettare l'ambiguità, il successo spesso dipende dalla capacità di adattarsi rapidamente al cambiamento.
È possibile coltivare questa capacità di regolare per:
- Ridefinire situazioni difficili, per vederle come opportunità per imparare e crescere piuttosto che come semplici ostacoli da superare
- Essere aperti al cambiamento; quando i piani o le situazioni cambiano, fai un passo indietro e cerca dei modi per affrontarli.

Coraggio
Le persone di maggior successo al mondo spesso esemplificano un grande coraggio. Sono disposti a correre dei rischi, anche di fronte a un potenziale fallimento.
La ricerca suggerisce che le persone coraggiose utilizzano le emozioni positive per superare la paura.
Puoi migliorare la tua tolleranza al rischio:
- Reprimere le emozioni negative e concentrarsi su sentimenti più positivi
- Bilanciare il rischio con il buon senso; essere cauti e pragmatici può anche ripagare, a seconda della situazione

Curiosità
Le persone che hanno successo tendono ad essere curiose del mondo che le circonda.
Sono sempre desiderosi di imparare di più, comprese nuove conoscenze e abilità.
È possibile coltivare il vostro senso di curiosità per:
- Correlare le attività ai tuoi interessi: se trovi noioso l'archiviazione, ad esempio, cerca un modo più efficiente per classificare le informazioni in modo da sfruttare i tuoi punti di forza come organizzatore.
- Imparare cose nuove

Competitività
Le persone di successo sono in grado di utilizzare la concorrenza per motivare, ma evitano di cadere preda della gelosia.

È possibile nutrire un sano senso della competizione per:
- Concentrandosi sui propri miglioramenti; piuttosto che preoccuparti di essere il migliore in qualcosa, presta attenzione ai tuoi progressi
- Essere felici quando gli altri ad avere successo

Alcuni tratti e tipi di personalità possono essere più adatti per determinati lavori rispetto ad altri.

Tuttavia, nessun tratto specifico della personalità può garantire il successo, né essere basso in quel tratto può condannare qualcuno al fallimento.

Sebbene ci siano differenze di opinione su quanto la personalità possa essere alterata, coltivare alcuni di questi tratti ad alto potenziale potrebbe aiutarti a sviluppare abilità che possono essere utili in molti aspetti diversi della tua vita.

Non esiste una singola misura del successo, e certamente nessuna singola risposta su come avere successo nella vita. Tuttavia, osservando alcune delle abitudini delle persone di successo, puoi imparare nuove tattiche e strategie da implementare nella tua vita quotidiana.

Coltiva queste capacità e nel tempo potresti scoprire di essere maggiormente in grado di raggiungere i tuoi obiettivi e ottenere il successo che desideri nella vita.

Conclusione

Spero vivamente che questo libro sia stato una piacevole lettura, e non solo, ma che soprattutto vi abbia potuto aiutare, vi sia stato utile nel capire meglio i vostri problemi e nel comprendere come affrontarli.

Spero sia riuscito a toccarvi nel profondo e a farvi capire che i vostri problemi di autostima non sono mostri impossibili da sconfiggere, ma anzi, sono problemi più comuni di quanto pensiate e anche facilmente superabili.

Spero di avervi fatto sentire più forti, meno fragili e meno soli. Spero che abbiate imparato qualcosa e che vi sia rimasto qualcosa di molto importante dentro, dopo la lettura.

Vi ringrazio per il vostro tempo.

Lightning Source UK Ltd.
Milton Keynes UK
UKHW022029191222
414191UK00006B/136